Kräfte aus der Stille

ECON Ratgeber

Bernhard Müller-Elmau

Kräfte aus der Stille

Die transzendentale Meditation

ETB
ECON Taschenbuch Verlag

Aktualisierte Ausgabe

ECON Taschenbuch Verlag GmbH, Düsseldorf
Lizenzausgabe Juni 1984

Umschlagentwurf: Ludwig Kaiser
Titelfoto: Krista Boll / Michael Fiala
Druck und Bindearbeiten: Ebner Ulm
Printed in Germany
ISBN 3 612 20021 6

Inhalt

Das kommende Zeitalter

Noch nie konnten sich Menschen in den hochentwickelten Industriestaaten so viele Wünsche erfüllen wie heute. Es gab keine Zeit, in welcher hier mehr Waren und Güter erzeugt, gekauft und verbraucht, in der mehr Möglichkeiten geboten wurden, sich das Leben angenehm und abwechslungsreich zu machen. Die ganze Welt steht den Bürgern dieser Staaten für Studien- und Erholungsreisen offen. Der Lebensstandard nähert sich einem Höhepunkt, dank der gewaltigen Fortschritte auf dem Gebiet der Wissenschaft und Technik sowie dem unermüdlichen Schaffen aller Leistungswilligen. Die Sicherheit wurde durch den Schutz gegen Krankheit, Unfall, Arbeitsunfähigkeit, Arbeitslosigkeit und Unglück jeder Art ständig verbessert, Hunger und Seuchen sind so gut wie gebannt. Bildungs- und Aufstiegsmöglichkeiten bestehen gesetzlich für jedermann. Die rechtsstaatlich-freiheitliche Ordnung wahrt die Belange des einzelnen wie nie zuvor. Obendrein vertreten mächtige Organisationen die Interessen ihrer Mitglieder. Aber trotz des Überflusses sind allzuviele noch unzufrieden, beunruhigt und krank.

Betrachten wir diese Fülle des modernen Lebens, so beschränkt sie sich auf das Außen, das Materielle. Der damit verbundene Lebenswert erstreckt sich mehr auf die meßbare Menge als auf das Unermeßliche der inneren Erlebnisgüte. Die Leistung, der Wettbewerb und der Rekord können nur auf das Machbare, die Zahl und die Menge abzielen. Der Erfolgswert schlägt sich im Maß, im Abgegrenzten, Greifbaren nieder. Das Denken in diesen Bahnen hat in der Naturwissenschaft zu großen Erfolgen geführt und eine

Technologie ermöglicht, mittels derer sich ungeahnte Möglichkeiten aufgetan haben. Nur wenige Menschen möchten auf die Errungenschaften verzichten, die ihnen das Leben erleichtern.

Bei der Erforschung der Welt des Gegenständlichen und ihrer Gesetzmäßigkeit mußte die Naturwissenschaft alles Nichtstoffliche, das Seelisch-Geistige ausschalten, um zu exakten Ergebnissen zu kommen. Sie betrachtete es nie als ihre unmittelbare Aufgabe, die Frage nach Ursprung, Sinn, Wesen und Ziel einer Sache zu beantworten. Sie hatte es mit berechenbaren, kausal-determinierten Vorgängen im rein stofflichen, begrenzten Bereich zu tun. Die Naturwissenschaft hat das gegenständliche, rationale Denken entwikkelt, weil sie vom Teil, nicht aber vom Ganzen ausging. Zum Ganzen gehören jedoch Ursprung, Ziel und Sinn eines Vorganges. Der Mensch ist zu derartiger Vollständigkeit veranlagt; denn in seinem Bewußtsein ist das Ganze beheimatet. Wird er nur noch in Begrenztheit gesehen, innerhalb derer sich Veränderungen von Eiweißverbindungen zwangsläufig und berechenbar nach einem genetischen Steuermechanismus abspielen, dann ergibt sich ein Schrumpfbild des Menschen. In einem solch verengtem Rahmen ist kein Platz für seine Würde, Freiheit, Gerechtigkeit, Tatkraft und Verantwortung – von Glück, Liebe, Hoffnung und Glaube gar nicht zu reden, ohne die jedoch ein Leben unmenschlich und sinnlos wäre.

Das einseitige Schulen des logischen Denkens hat zu einer Vorherrschaft von Vernunft und Verstand geführt mit dem Ergebnis, daß es in der Welt noch nie so unvernünftig und unberechenbar zuging wie dies heute der Fall ist. Menschsein kann nicht auf das Habhafte, Machbare, Gegenständliche und Teilhafte verengt werden ohne daß Angst entsteht, die Menschen sich einsam und verlassen fühlen, mißmutig, traurig oder gar verzweifelt sind – obwohl doch alles Streben der Menschheit auf das Gegenteil gerichtet ist! Trotz aller Wissenschaft befindet sich die Welt heute in einem Zustand der Unwissenheit, wie die Spannungen gelöst, wie der Hunger bewältigt, die Energie bereit gestellt, die Umwelt geschützt, der soziale Frieden geschaffen, der Geldwertschwund gestoppt, die Wirtschaft in Ordnung gebracht, die Arbeitslosigkeit beseitigt werden kann. Den Verantwortlichen wird angelastet, daß ihnen der Überblick über die Gesamtlage vor lauter Einzelkenntnissen und Denken in abgeteilten Gebieten verlorengegangen ist. Die Anstrengungen, die zur Behebung der Mängel unternommen werden, gründen sich auch wieder auf ein Denken in Teilbereichen. Diese Ausschnitte werden – wie bisher auch schon – untersucht, verglichen und berechnet, während die Entscheidungen und Maßnahmen letztlich doch nur von wirtschaftlichen Gesichtspunkten und Erfordernissen bestimmt werden. Sie beziehen sich demgemäß auch nur auf Gegenstände und Teilerscheinungen, die unbewußt so behandelt werden, als ob sie die ganze Wirklichkeit wären. Die Ergebnisse sind unbefriedigend, wie die Tatsachen lehren. Das Bewußtsein selbst und der Ursprung des Denkens bleiben außer Betracht. Da aber die Mängel nur durch das bisherige Denken und Handeln des Menschen entstanden sind, erscheint ein durchgreifender Wandel nur dann erfolgversprechend zu sein, wenn künftig beides von einem die Ganzheit umspannenden Bewußtsein getragen wird. Darum muß die Antwort auf die Frage nach dem künftigen Menschsein mit der Auskunft gekoppelt werden, was eigentlich Bewußtsein ist und wie sein Vermögen frei werden kann.

> Man sollte nicht versuchen, einen Fehler mit denselben Mitteln zu verbessern, mit denen er gemacht wurde. (Carl-Friedrich von Weizsäcker)

> Solange wir unsere Aufmerksamkeit nur den Problemen und Teilaspekten des Lebens schenken, entsteht Ver-

spanntheit. Erst durch die Ausweitung des Wahrnehmungshorizontes verschwinden die Begrenztheiten und der volle Wert des Lebens kann erfahren werden. (Maharishi Mahesh Yogi)

Die Forderung, das Bewußtsein zu befreien, wird auch von anderen Wissenden und Sehenden in aller Dringlichkeit erhoben:

Es kommt darauf an, daß diese unsere Generation es fertig bringt, umzudenken. Wenn sie es nicht kann, so sind die Tage der zivilisierten Menschheit gezählt. (Max Born)

Entweder wird die heutige zivilisierte Menschheit sich dazu bequemen müssen, ein... selbständiges Geistesleben hinzunehmen, oder die gegenwärtige Zivilisation muß ihrem Untergang entgegengehen, und aus den asiatischen Kulturen muß sich etwas Zukünftiges für die Menschheit ergeben. (Rudolf Steiner)

Die Umweltkrise kann wohl mit technischen Mitteln gelöst werden, aber *nur*, wenn eine allgemeine Bewußtseinswandlung vorausgegangen ist, in der dem Einzelnen die Möglichkeit erwuchs, die Folgen seines Handelns für die Zukunft der anderen richtig einzuschätzen, und dazu die Kraft, aus dieser Einsicht zu handeln. (Joachim Illies)

Nur ein erneuter Glaube an Gott kann die Wandlungen herbeiführen, die unsere Welt vor der Katstrophe retten können. Wissenschaft und Religion sind dabei Geschwister, keine Gegensätze. (Wernher von Braun)

Den meisten neurotischen, psychoreaktiven, psychosomatischen und vielleicht auch psychotischen Störungen liegt als quantitative Grundstimmungsstörung ein mangelndes Urvertrauen zugrunde. Die Erweckung eines gefestigten Urvertrauens ist eine der Hauptaufgaben jeder großen Psychotherapie. (Balthasar Staehelin)

Unverstandener technischer Wandel bedroht die seelische Gesundheit. Hier sind nicht nur Rationalität, Wettbewerb und Planung nötig, sondern Besinnung und Meditation. (Carl-Friedrich von Weizsäcker)
Die lebensnotwendige Verinnerlichung, Sammlung und Meditation mangelt dem modernen, extrovertierten Menschen. Wenn er seine einseitige, nach außen gerichtete Lebensbewältigung nicht kompensiert durch disziplinierte Sammlung, durch Übungen im Stillesein, in der Meditation, so ist er psychisch gefährdet, anfällig für den Verlust der Seele, für Neurosen und psychotische Grenzzustände. (Wilhelm Bitter)
Der Appell, der heute an jeden einzelnen ergeht, ist der Ruf zur Verinnerlichung. Mit ihm ist heute, wie noch nie zuvor, das Schicksal der Menschen auf die Schultern des einzelnen gelegt; so wie noch nie zuvor ist der einzelne in seiner Unvertretbarkeit zur Entscheidung aufgerufen über das, was der Mensch zu sein vermag. Im einzelnen und nur in ihm, in seines Herzens tiefstem Grund, liegt heute die Chance der Menschheit. (Philipp Lersch)

Diese Worte machen uns darauf aufmerksam, welche schöpferischen Anstoßkräfte vom Eindruck einer bedrohlichen Lage ausgehen und wie diese durch Wachheit und Sehen des Menschen in etwas Richtungweisendes umgesetzt werden. Nicht nur die Erkenntnis der Ursachen allen Übels ist aber notwendig, sondern auch das Wissen um die praktischen Schritte, die das Bewußtsein bis zu seinem Grund erschließen; denn andernfalls können auch die Probleme nicht von Grund auf gelöst werden. Die Fehlerquellen sind theoretisch meist bekannt, nicht aber, wie sich das volle geistige Vermögen entfalten kann.

Es wäre verfehlt, dafür die Naturwissenschaftler verantwortlich zu machen; denn diese haben nicht dafür zu sorgen, daß mit ihrer Denkweise kein Mißbrauch getrieben wird. Die Naturwissenschaft ist unentbehrlich, wenn das Bewußtsein erforscht und freigelegt werden soll, weil es nur von der stofflichen Grundlage aus studiert werden kann. Deswegen wäre es abwegig, sich gegen die Wissenschaftlichkeit zu wenden, nur noch auf Gefühle zu bauen oder bei Schwarmgeistern Zuflucht zu suchen.

Nur in der Übung weitet sich die intuitive Erfahrung über die Vernunft hinaus zu dauerndem Wissen; und nur so kann auch die subjektive innere Erfahrung eine Quelle für wissenschaftliche Erkenntnisse werden. Wir wissen, daß der Osten seit Jahrtausenden solches Üben pflegt. (Balthasar Staehelin)

Über das Ziel zu reden, hilft nicht weiter, sondern nur in seiner Richtung Schritte tun. Wir müssen dort anfangen, wo wir stehen und mit der natürlichen Reinigung unseres Nervensystems beginnen. Nur auf natürliche Weise können wir zu höheren Lebenswerten gelangen. (Maharishi Mahesh Yogi)

Der Mensch klagt über mangelnde Leistungskraft und über zunehmende Verspanntheit. Die Hektik des modernen Lebens erlaubt ihm aber nicht, auch nur einen Augenblick zu wirklicher Stille zu gelangen. Er wird zermürbt von der Forderung, mehr zu leisten und vom Gefühl, es nicht zu können. (Maharishi Mahesh Yogi)

Hetze und rasendes Tempo sind immer Zeichen von Schwäche. Nur aus der großen Ruhe und Gelassenheit kann man die Aufgaben erfüllen. (Johannes Müller)

Wir brauchen uns nur tief in uns zu versenken, bevor wir tätig werden. Das aus dieser Stille hervorgehende Denken und Tun läßt die Kunst des tatkräftigen Handelns ganz von selbst entstehen (Maharishi Mahesh Yogi)

Ein bekannter General sagte einmal: »Es gibt keine hoffnungslose Lage, sondern nur verzweifelte Menschen.« Der Zweifel aber ist nur das Zeichen eingeschränkter Wahrnehmung. So vermag der eine in den Bewegungen, Strudeln, Ausbrüchen und Unruhen, welche die Welt und ihre Menschen schütteln, nur Vorboten eines katastrophalen Unterganges zu sehen, während ein anderer mitten drin schon die Leuchtzeichen einer neuen, geistvollen Zeit erkennt.

Der Mensch des Westens hat den inneren Weg in einem Ausmaß verfehlt, daß nunmehr die Rebellion der Tiefenschichten seiner Seele eine weltgeschichtliche Wendung seiner geistigen Entwicklung zu erzwingen beginnt. (Karlfried Graf Dürckheim)

Etwas Tiefes und Weites ist offenbar in der Welt in Bewegung. Überall fühle ich Geburt oder zumindest Erwartung eines neuen Glaubens, ausgerichtet auf eine geistige Verjüngung der Welt. (Pierre Teilhard de Chardin)

Der bedeutende Kulturanthropologe Jean Gebser ging gemäß seiner Stufenlehre ebenfalls davon aus, daß die Menschheit an der Schwelle des Übergangs vom rein rational-mentalen zum integralen, ganzheitlichen Bewußtsein steht. Der indische Weise Sri Aurobindo bezeichnet dies als das Überbewußtsein.

Beobachter glauben, daß sich die Industriegesellschaften den Grenzen des wirtschaftlichen Wachstums nähern, und daß die persönliche Freiheit ganz erheblich eingeschränkt werden dürfte, wenn künftig die verbliebenen Rohstoffe und Verbrauchsgüter allen zugute kommen sollen. Die Naturwissenschaft soll ebenfalls vor den Grenzen des materiell Erforschbaren stehen. Möglicherweise gibt es auch Grenzen des Bezahlbaren. Denken wir an die qualvolle Enge der Großstädte mit ihren bedrohlich zunehmenden Krankheitserscheinungen, dann könnte auch dieses Grenzsignal zum Anstoß einer Umkehr werden, nämlich das Wachstumsstreben vom Äußeren in Richtung des Inneren umzulenken, dorthin, wo es keine Begrenzung gibt. Hier wäre ein weiteres Feld für den menschlichen Freiheitsdrang und Forschungstrieb sowie das Streben nach einem bleibenden Gewinn.

So gesehen, hätten wir es nicht mit einem hoffnungslosen Ende, sondern einem ermutigenden Anfang zu tun, in dem der Mensch zu dem erwacht und sich zu erheben beginnt, was er selbst eigentlich ist. Maharishi Mahesh Yogi spricht in diesem Zusammenhang ganz bewußt von einem bevorstehenden Zeitalter des »Enlightenment«, zu deutsch: Aufklärung – und zwar im Sinne eines vollen und klaren Bewußtseins, das uneingeschränkt zu Einblick, Weitsicht und Überschau befähigt.

Öffentlich kündigte er das Zeitalter der Erleuchtung erst an, nachdem ihm auch naturwissenschaftliche Erkenntnisse die ausreichende Gewähr dafür boten, daß tatsächlich einem jeden Menschen sein volles Bewußtseinsvermögen über den Weg der Stille erschlossen werden kann. Der Wert und die Wirkung der Stille für die Physiologie und das darauf beruhende Bewußtsein waren bisher wissenschaftlich noch nicht erforscht. Deshalb fehlte in den früheren Zeiten die Möglichkeit, Verheißungen auf breitester Basis planmäßig zu verwirklichen.

Menschsein heißt Bewußtsein

Ohne bewußt zu sein, könnten wir nichts von unserem Menschsein und unserem Dasein wissen. Wenn es aber kein Sein gäbe, dann gäbe es auch nichts zu wissen, weil niemand da wäre, der etwas wissen könnte. Sein und Bewußtsein gehören zusammen. Deshalb wurden Menschen seit Urzeiten von bestimmten Grundfragen des Lebens, Schicksals und Seins bewegt:

Wer bin *ich* eigentlich? Welcher Sinn steckt dahinter? – Wollen wir darauf eine Antwort haben, dann müssen wir zunächst der Voraussetzung von allem, dem Sein, unsere Aufmerksamkeit schenken.

Als Gegenbegriff zur stofflichen, relativen Welt verwendet die Philosophie das Wort *Absolutes*. Das Absolute ist das von allen Dingen, allem Bedingten losgelöste, das war, ist und bleiben wird, unabhängig von allen vergänglichen Erscheinungen der Welt. Es *ist* einfach und wird deshalb auch Sein genannt, im Gegensatz zum Dasein oder Seienden. Das Absolute gilt als letzte Ursache jeglicher Erscheinung. Dieses Unbedingte, Gegenstandslose kann nur unbegrenzt, unbewegt, also unveränderlich sein, da Veränderungen allein im Bereich des Bewegten stattfinden können. Aristoteles sprach in diesem Zusammenhang vom »Unbewegten Beweger«, dessen ruhende Urmacht alle Bewegungen erzeugt. Werner Heisenberg nimmt eine einheitliche und allumfassende Ordnungsmacht an, die in allem Geschehen planmäßig wirkt. Selbst wenn dafür die Naturgesetze verantwortlich gemacht werden, bleibt die Frage offen, wer der Gesetzgeber und Kraftspender ist.

Jedenfalls ist die zeugende, bildende, bewegende, verwandelnde Kraft von einer Wissenheit bestimmt, nach deren Sinn alles Werden und Vergehen in gesetzmäßigen Bahnen zielsicher abläuft. Aus einem ewig unbewegten Urzustand des Seins geht das Seiende ewig bewegt hervor, wobei das Unbewegte das Bewegte durchdringt, belebt und verändert. Auf das Vorhandensein eines kreativen Ursprungs weist auch die Vorrede im Evangelium des Johannes hin:

> Im Anfang war das Wort, und das Wort war bei Gott, und Gott war das Wort. Dasselbe war im Anfang bei Gott. Alle Dinge sind durch dasselbe gemacht, und ohne dasselbe ist nichts gemacht, was gemacht ist.

Mit der ersten Wortschwingung ist das Bewegte, das Veränderliche, das Bedingte und zeitlich Begrenzte als ein zusätzliches Zweites zum ursprünglich Ersten und Einen hinzugetreten, das vor dem Anfang, dem Zeitlichen war. »Das Wort« aber ist voller Gehalt, mit dem der schwingungslose Zustand bereits vor seinem Tönen gesättigt gewesen sein muß. Demnach ist im reinen Seinszustand sowohl das Schöpferisch-Machtvolle als auch das Intelligent-Sinnvolle bereits enthalten. Gott, Wort und Ding werden hier als Einheit geschaut. Das gedachte oder gesprochene Wort ist der rhythmische Ausdruck der Sinnfülle des Ursprünglichen im menschlichen Bewußtsein. Durch Sprache wird Gott für den Menschen ein bewußt Daseiender. Gott, Sprache und Bewußtsein gehören zusammen.

Das für uns Wesentliche ist die Einsicht in die Doppelweise des Seins; ruhevoll und bewegt, formlos und geformt, ewig und zeitlich, unwandelbar und wandelbar, unbegrenzt und begrenzt, frei und gebunden, Einheit und Vielfalt. Beide Seinsweisen sind durch Fülle gekennzeichnet, obwohl wir gewohnheitsmäßig unter Fülle des Lebens nur die eine, sichtbare, im Auge haben. Würden wir in unserem Bewußtsein beides zu einer Überfülle vereinigen können, dann wäre unser Leben wahrhaft erfüllt. In der Brihad-Aranyaka-Upanishade 5,1,1 heißt es nach einem Kommentar von Maharishi Mahesh Yogi:

Das ist voll
Dieses ist voll
Aus dem Vollen geht das Volle hervor;
Das aus dem Vollen hervorgehende Volle
Hinterläßt das Volle.

Wir haben für das Sein ebensowenig Vergleichsmöglichkeiten wie für das Bewußtsein, weshalb beide undefinierbar, begrifflich nicht eingrenzbar sind. Das bedeutet, daß auch unser Bewußtsein zu etwas Uneingeschränktem, Unbedingtem, Unveränderlichem und Unbegrenztem veranlagt ist. Wie könnten wir in unserer Sprache auch Ausdrücke haben wie Ewigkeit, Unsterblichkeit, Unendlichkeit, Grenzenlosigkeit, Freiheit, Unveränderlichkeit und Stille, wenn nicht zuvor entsprechende Eindrücke vom Bewußtsein empfangen und widerspiegelt werden könnten?

So bin ich ewig, denn ich bin. (Goethe)

Das westliche Denken kennt das Bewußtsein als Spiegel seelischer Vorgänge. Es unterscheidet dabei den Bewußtseinsvorgang und den Bewußtseinsinhalt, wobei das Ich als der vereinigende Bezugspunkt gilt. Psychologie und Philosophie entwickelten aufgefächert noch weitere Einsichten unterschiedlicher Art, die aber alle die Beschäftigung mit Inhalten gemeinsam haben. Nur Kant sprach von einem »Bewußtsein überhaupt« als Grundlage jeder Gegenstandserkenntnis.

Gehen wir davon aus, daß das volle Leben eine allesumfassende Ganzheit ist, dann wäre diese Ganzheit überall anzutreffen, auch im Menschen. Das Ganzheitliche des

Menschseins ist das Bewußtsein; denn es kann alles umfassen. Das Bewußtsein als Ganzes wird durch das Vorhandensein verschiedener Gegebenheiten ermöglicht, die leiblich bedingt sind. Ohne Körper und Gehirn gäbe es für uns Menschen weder das Bewußtsein noch das Ganze, geschweige denn eine Spiritualität (Geistigkeit), stellt Maharishi Mahesh Yogi fest. Die Würde des Menschen besteht darin, sich in Grenzen zu bewegen, ohne das Unbegrenzte aus dem Bewußtsein zu verlieren. Wollen wir menschenwürdig leben, so müssen wir das verdeckte Bewußtsein entdecken und lebendig werden lassen.

Was wir denken, fühlen, empfinden, wahrnehmen können, ist eine Bewegtheit innerhalb unseres Bewußtseins. Wir bezeichnen sie hier als Geist. Was sich bewegt, befindet sich in Schwingung. Die Physik lehrt, daß es zur Natur jeder Schwingung gehört, einen Anfang und ein Ende zu haben. Beide müßten sich demnach in einem Zustand der Nichtschwingung oder Ruhe befinden. Betrachten wir die einzelnen Gedanken, so pflegen auch sie anzufangen oder irgendwann aufzuhören. Ihre Entstehungsebene und Endstation müßte jeweils zum Feld der Stille gehören. Dann aber ist die Ruhe das Erste und die Schwingung das Zweite. Aus dem Ersten geht unaufhörlich das Zweite hervor und kehrt auch dorthin wieder zurück. Während das Erste ständig und unveränderlich da *ist*, befindet sich das Zweite in einem ständigen Wechselzustand von Kommen und Gehen. Unser Bewußtsein besitzt demnach einen Tiefenbereich in Ruhe, aus dem die gesamte Gedankentätigkeit und Inhaltsvielfalt entspringt. Das herkömmliche Verständnis vom Bewußtsein bezieht sich allerdings nur auf seinen bewegtesten Bereich, der im Vergleich zum Gesamtbewußtsein nur den obersten Rand, eine dünne Oberfläche darstellt. Wer erfahren möchte, was Bewußtsein ist, muß auch mit den feineren Stadien seiner Gedanken bis zu deren Entstehungsgrund in Schwingungslosigkeit – dem Ursprung – vertraut werden.

Wenden wir uns zunächst der Frage zu, wie sich der menschliche Geist verhält:

1. Er bewegt sich, das geschieht auch ohne unser Zutun. In der Schöpfung entwickelt sich alles, ohne daß der menschliche Geist dies bewirkt. Ebenso sind nicht wir die Urheber des Geistes und seiner Bewegung, sondern es ist die schöpferische Urmacht oder Natur.
2. Mindestens einmal während 24 Stunden verschafft er sich für längere Zeit Ruhe, zieht sich aus der Reizflut der Außenwelt zurück und kehrt selbsttätig heim zu seinem Ursprung. Aber auch zwischenzeitlich nützt er jede sich bietende Gelegenheit zum Ausruhen und Auffrischen aus. Dies erfolgt ebenfalls unwillkürlich, naturhaft.

   Durch die Einkehr in die Stille lösen sich Krampf und Druck im System, die den Geist blockieren. Das damit verbundene Freiwerden von eingeklemmten Energien versetzt zwar den Geist ebenfalls in Bewegtheit – aber diese verläuft dann zunehmend ordnungsgemäß und unbehindert wieder auf die Ruhe zu. Hier wirkt sich durch den Geist das ihm innewohnende Ordnungsprinzip der Schöpfung selbstreinigend aus.
3. Er bewegt sich dorthin, wo es für ihn am angenehmsten ist. Das sind die Erlebniswerte in der Stille, die ihn unwiderstehlich anziehen. Deshalb wohl haben Menschen schon immer versucht, das Glück der Stille wachbewußt zu erleben und sich dauerhaft zu bewahren. Dort befindet sich der aufmerksame Geist in seinem Ursprungszustand reinen Gewahrseins, das nicht mit einem Beobachten verwechselt werden darf; letzteres wäre eine vorsätzliche Tätigkeit des Geistes, die der Stille im Wege stünde. Der ungeübte Geist kann seines Ursprungs nicht gewahr werden, solange er bewegt ist.
4. Der Geist hat das Bestreben sich auszudehnen. Grenzen-

lose Weite besitzt er in der Stille. Hier erst ist sein Freiheitsdurst gestillt, hier erfährt er höchstes Glück: Kraft seiner Zugehörigkeit zu ihr. Wird die Aufmerksamkeit durch Abschalten der Außenreize von außen nach innen, von der Waagerechten in die Senkrechte umgelenkt, so sucht der Geist hier den uneingeschränkten Erlebniswert.

5. Der Geist besitzt größte Geschmeidigkeit, mittels derer er sowohl zur tiefsten Ruhe als auch höchsten Bewegtheit ebenso wie zur Freiheit einerseits und Konzentration auf einen Punkt andererseits befähigt ist. Aufgrund seines Abwechslungsbedürfnisses kann er so die beiden Gegenwerte zu einem Ganzen vereinigen.
6. Seine Aufmerksamkeit schenkt er jeweilig nur einer Sache.
7. Der Geist untersteht dem Ich, ebenso wie der Intellekt und Wille oder die Gefühle und Sinne. Die erste geistige Regung des Intellekts ist das Ichempfinden, das zwischen sich und allem anderen unterscheidet, später aber auch alles andere auseinanderhalten kann. Ohnedem wäre es nicht möglich, sich zu entscheiden oder Schlüsse zu ziehen. Der Geist ist somit befähigt, die freien Willensimpulse des Ich in die Tat umzusetzen und neue Kausalketten zu schaffen.

Diese verschiedenen Eigenarten hängen mit der Beschaffenheit des Geistes zusammen, die sich rein stofflich nicht erklären läßt. Das Bedürfnis, allen Dingen auf den Grund zu gehen, sich von diesem Urgrund anziehen, aufladen und ordnen zu lassen, läßt vermuten, daß der Geist, selbst transzendentaler Natur, bewegte Erscheinungsweise des absoluten Seins ist.

Anders als das unbegrenzte Bewußtsein ist das Gehirn begrenzte Stofflichkeit, die physio-chemischer Bedingtheit unterworfen ist. Offenbar ist hier der Ort, wo das Sein bewußt wird. Damit ist zugleich der Bewußtseinsraum gegeben, innerhalb dessen der Geist bewegt sein kann: Eine bemerkenswerte Einheit von Sein, Bewußtsein, Geist und Leib.

Wenn wir nun versuchen, das Bewußtsein zu beschreiben, so können wir von seinen uns vertrauten Stadien ausgehen:

Der *erste* Zustand höchster Aktivität ist der *Wachzustand*. Die Denktätigkeit, die sich hier abspielt, hat es mit Gegenständen des Denkens, Fühlens, Wünschens und Wollens zu tun. Gegenstände sind etwas Bedingtes. Sie sind durch Form und Zeit begrenzt, sowie unbeständiger, veränderlicher Natur.

Im *zweiten*, dem *Traumzustand*, ist die Aktivität geringer als beim Wachen. Hier können wir nicht mehr vorsätzlich denken und wollen. Hier sind die »Gegenstände« verwischt, entgrenzt, unbestimmt im Vergleich zur Deutlichkeit im Wachzustand. Das Gefühl für Zeit, Körper und Umwelt ist abhanden gekommen, der Zwangsablauf von Ursache und Wirkung hat für uns aufgehört. Beginn und Ende eines geistigen Vorgangs – die zarten Anfangs- und Endschwingungen – sind der Wahrnehmung noch mehr entzogen als beim Wachsein.

Während des *Tiefschlafs* – dem *dritten* Zustand – ist die Aktivität am geringsten. Hier gibt es allenfalls blasse Erinnerungen an ein Freisein von Schmerzen, Leiden, Nöten, Sorgen, Trauer, Angst und Einsamkeit. Nächst ihrem Ursprung sind die Gedanken- oder Gefühlsgebilde so verfeinert, daß letztlich allein Stille oder schwingungslose Gegenstandslosigkeit übrig bleibt. Befindet sich das Nervensystem in Hochform, so kann der Mensch dieser Gegebenheit auf seinem eigenen Bewußtseinsgrund gewahr sein. Er ist zugleich die Entstehungsebene aller daraus hervorgehenden Sinnestätigkeit. Während die Gedanken kommen und gehen, bleibt ihre Grundlage ununterbrochen bestehen. Hier ist der Startplatz aller Aktivitäten, der sich abwechselnden Stadien von Wachen, Träumen und Schlafen. Auf dieser Grundlinie berührt sich auch jeder Gedanke mit dem Nachfolgenden. Dieser Bewußtseinszustand wird seit seinem wissenschaftlichen Nachweis auch im Westen als der *vierte Bewußtseinszustand* anerkannt, weil er sich neuro-physiologisch von den bereits bekannten anderen drei deutlich unterscheidet. Obwohl er zur endlichen Einzelperson gehört, ist dieser Zustand Innesein des Unendlichen: ein Wert, der kennzeichnend für das reine Sein ist. Weil der Geist alle Bewegtheit hinter sich gelassen, durchsunken oder durchschritten hat, spricht man auch vom *transzendentalen* Bewußtseinszustand (lat. transcendere = überschreiten). Das »Rein« des reinen Bewußt- oder Gewahrseins deutet darauf hin, daß hier vom Selbst weder Schwingungen noch Begriffsinhalte wahrgenommen werden. Verblieben ist in dieser absoluten Stille nur das »Gewahr«, das »Sein« und das beides bemerkende »Selbst«. Deshalb heißt es auch Selbstgewahrsein.

Dieser vierte Bewußtseinszustand kann nicht gedacht, gemacht, nachempfunden, eingebildet, geschweige denn gelehrt werden, weil er unbewegt ist. Er kann deshalb auch nicht beobachtet, sondern nur durch unmittelbares Innesein erlebt werden. In diesem Zustand ist nur noch Eines ohne ein Zweites, wenn auch zunächst nur für Bruchteile von Augenblicken.

Die Annäherung an den Bewußtseinsgrund erfolgt im Zusammenhang mit sinkender Aktivität. Da es aber zur Eigenart des Lebens gehört, aus der Ruhe Aktivität zu entfalten, folgt deren Bewegtheit naturhaft von selbst auf die Stille. Dadurch wird ihr Gehalt vom Geist aus der Tiefe an die Oberfläche des Bewußtseins gebracht, um sich hier mehr und mehr auszuwirken. Durch den regelmäßig ausgeübten

Wechsel von Ruhe und Bewegung kann das Ausgeruhtbleiben so dauerhaft werden, daß es sich letztlich auch bei anstrengender Tätigkeit nicht mehr erschöpft.

Das Bewußtsein umfaßt dann zu gleicher Zeit alle Schwingungsgrade, von der tiefsten Ruhe bis zur höchsten Bewegtheit, ohne daß dabei das ruhende Grundbewußtsein vom Gedankenwirrwarr verfälscht wird. Der Ozean bleibt in seiner ruhenden Tiefe stets er selbst, auch wenn die Wogen sich noch so hoch türmen. Dieses alle Aktivitätsstufen umfassende Bewußtsein wird als das *kosmische* bezeichnet, als ein *fünfter* Zustand. Er ist im Gegensatz zum vierten durch das Hinzukommen eines zweiten Wertes gekennzeichnet, nämlich den der Bewegtheit. Ein deutliches Zugleich wird als ausgeprägte Dualität (Zweiheit) erfahren, die in der indischen Philosophie als Selbst und Nicht-Selbst bezeichnet wird. Als beliebtes Beispiel mag die Filmleinwand dienen, die selbst unbewegt und unverändert bleibt, während sich auf ihr die Bildprojektionen bewegen. Sie ist zwar die unentbehrliche Grundlage für die einzelnen szenischen Vorgänge und deren Verbundensein auf dem Bildgrund, aber sie selbst hat mit dem Ablauf nichts zu »tun«, sie tut nichts, sie bewegt sich selbst nicht, sie ist von anderer Beschaffenheit. Wenn der Film zuende ist, wird die Leinwand erkennbar, die sich nach wie vor in Ruhe befindet und deren Fläche rein, weiß und als das allein Übriggebliebene einfach nur *ist.*

Der fünfte Bewußtseinszustand ist mit Freiheit verbunden, weil sich das Selbst als das Erste nicht von dem Zweiten, dem Bewegten überwältigt, sondern davon getrennt erlebt. Die geistigen Regungen werden als durch die Naturkraft verursacht erfahren. Es liegt hier eine Art doppelter Bewußtheit vor, wie sie Menschen andeutungsweise vertraut ist, die trotz aller Bewegtheit innerliche Ruhe bewahren, die bei aller Geschäftigkeit das Vorhandensein von

Liebe zu einem Menschen spüren. Maharishi Mahesh Yogi veranschaulicht diesen Sachverhalt mit dem Beispiel vom Kind: es empfindet Geborgenheit, wenn die Mutter zuhause ist und zwar auch dann, wenn es draußen beim Spielen seine ganze Aufmerksamkeit einer anderen Sache zuwendet.

Im *sechsten* Bewußtseinszustand ist das Wahrnehmungsvermögen beträchtlich verfeinert und veredelt. Herrscht im Zustand des kosmischen Bewußtseins das Unterschiedliche vor zwischen dem Selbst und allem, was dieses Selbst nicht ist, dann steht die darauf aufbauende Phase im Zeichen der Wiederverbindung dieser scheinbar getrennten Welten. Das Entstehen der Einheit setzt zunächst das Vorhandensein einer Zweiheit im Bewußtsein voraus, sonst gäbe es nichts zu vereinen. Das Getrennte wird durch die Kraft der Liebe zusammengefügt. Wenn bisher die Hauptanziehungskraft vom Glück der Stille im eigenen Innern ausging, wird im weiteren Verlauf das »Herz« mehr und mehr vom inneren Höchstwert der Außenwelt erfüllt, der ebenfalls der Stille entstammt. Naturhaft sorgt so die schöpferische Macht der Liebe für die Ergänzung des Geteilten, für den Dienst des einzelnen am Ganzen, ohne daß es dazu eines Gebotes oder Verbotes bedarf.

> Alles Leben der Seele drängt in den Zusammenhang des Lebens. Darum ergießt es sich in Liebe, um überzuströmen in die anderen. So ist das Geheimnis der Liebe das Geheimnis des Lebens. Wenn sich das Geheimnis des Lebens löst, erblühen die Wunder der Liebe. Wenn wir das Leben gewinnen, verschenken wir uns in Liebe. (Johannes Müller)

Im sechsten Bewußtseinszustand ist die Zweiheit fast verschwunden, weil die ganze Mitwelt im erfahrenen Höchstwert des eigenen Selbst geschaut wird. Unterschiedliches und Mannigfaltiges erscheinen im gleichen himmlischen Glanz, wie die Herrlichkeit des Selbst. In den altindischen Schriften wird die Stufe auch als »Gottesbewußtsein« bezeichnet, wie aus den einschlägigen Kommentaren von Maharishi Mahesh Yogi hervorgeht. Dabei will aber bedacht sein, daß unter Gott dort der Schöpfergott gemeint ist, als eine allererste schöpferische Wirksamkeit auf feinstofflicher Ebene in der Welt des Relativen. Dieser Schöpfer wirkt und schafft als etwas bereits Bewegtes, Zweites, das aus einem Unbewegten, Ersten heraus Sinn und Kraft schöpft. Nach diesem Verständnis ist das Erleben des persönlichen Gottes an ein verfeinertes, uneingeschränktes Bewußtsein gebunden, das sich erst allmählich von seinen Hüllen befreien muß. Vorher sind es nur Gedanken, Vorstellungen, Gefühle oder gar Glaubensgebote hinsichtlich eines Gottes, die stufen- und bekenntnismäßig recht verschieden sein können. Der Versuch, Gott, das Göttliche oder die Gottheit begrifflich erfassen oder verstandesmäßig erkennen zu wollen, ist von vornherein zum Scheitern verurteilt. Das Unendliche läßt sich mit den endlichen Werkzeugen der Sinne nicht einfangen. Was dabei herauskommt ist eine Meinung oder schlimmstenfalls ein Götze.

Max Planck weist auf die Begrenztheit der Sinnesempfindung hin:

> Die Gottheit, die der religiöse Mensch mit seinen anschaulichen Symbolen sich nahe zu bringen versucht, ist wesensgleich mit der naturgesetzlichen Macht, von der dem forschenden Menschen die Sinnesempfindungen bis zu einem gewissen Grade Kunde geben.

Im *siebenten Zustand*, dem Einheitsbewußtsein, erkennt der Glückliche, daß zwar in der Form, nicht aber dem Wesen nach Unterschiedlichkeit zwischen dem Selbst und dem Nicht-Selbst besteht. Das »Nicht« ist unversehens als

Schleier des Nichtwissens verschwunden, und nur das Wissen allein ist übrig geblieben, daß im Grunde Einheit herrscht. Der Erkenntnisgipfel ist die Entdeckung, das »alles Gottes« ist, im Sinne einer Gottheit, die als »Urgrund alles Seins« (Johannes Müller) erlebt wird.

Wer aber eine Gottheit verehrt in der Meinung, die Gottheit sei eines und er etwas anderes, der hat das rechte Wissen noch nicht! (Brihadaranyaka Upanishad, I,4.10)

Allerdings ist die Einsicht in die absolute Einheit des menschlichen Daseins mit dem Göttlichen die tiefste Erkenntnis, welche der Mensch erschwingen kann. (Johann Gottlieb Fichte)

Einssein, in dem alles, und Allessein, in dem Eines ist, so werden wir dann wirklich gottförmig, wenn wir dazu emporgehoben werden, daß wir in Einem eben das sind, in dem alles ist, und in allem ein Eines sind. (Nikolaus von Kues)

Der Mensch reicht mit seinem Wesen in eine helle, freudige Region hinauf, in die Region des Geistes. Sie ist die freudige, weil sie die Region des Geistes ist, in der Lust und Schmerz ausgeglichen und aufgehoben sind in der Freiheit und Klarheit, da sich das Wesen der Dinge selbst eröffnet. Hier begegnet man den Dingen nicht, um mit ihnen zu experimentieren und ihre geheimsten Kräfte für sich brauchbar zu machen; aber auch nicht als einem Du in Liebe und Abwehr. Sondern der Geist macht sich bereit, daß die Dinge selbst zu ihm kommen und ihr wesenhaftes Sein in ihm aufleuchten lassen. Da gibt es das Verhältnis von Subjekt und Objekt nicht mehr. Beide sind aufgehoben in einem Sein. Alles wesenhaft Seiende ist hell und voller Begeisterung. Es ist im Grunde nichts anderes als das Lichtreich des Olymp, wo auch das Traurige freudig sein kann. (Walter F. Otto)

Es heißt, daß im Einheitsbewußtsein die Dualitätserfahrung eines persönlichen Gottes auf die überpersönliche Ebene aufgesteigert wird, weil hier das individuelle Selbst zugleich bis zur Weite des Allesumfassenden ausgedehnt oder verfeinert ist. Auch der letzte Rest eines Schattens soll im Licht verschwunden sein. Die Upanishaden sagen – und meinen damit die alles durchdringende transzendentale, einzige Wirklichkeit –:

Jenes bin ich
Jenes bist du
Jenes ist alles

Die geistige Entwicklung verläuft nach Maharishi Mahesh Yogi von der Einheit im Inneren zur Einheit mit dem Äußeren, bis zur All-Einheit im Ganzheitsbewußtsein, wo Absolutes und Relatives wertgleich als eine gegensatzfreie, durchaus absolute Einheit »gewußt«, gelebt und verwirklicht werden. Wörtlich sagt er:

»Das Absolute ist überall anwesend. Zu seinem Erleben braucht man nichts zu tun. Vielmehr hören wir auf, etwas zu tun und gelangen dadurch ganz natürlich zur Ruhe. Wir erleben dann: ich bin das Alles.«

Wir verdanken das Wissen um die höheren Bewußtseinszustände Maharishi Mahesh Yogi, dem diese nicht nur aus den Ur-Kunden, sondern auch aus eigenem Erleben vertraut sind. Zusätzliche Bestätigung fand er durch die zahlreichen Erfahrungsberichte seiner Schüler in der Welt, aber auch durch eine Reihe von naturwissenschaftlichen Hinweisen.

Das vollständige Bewußtseinsvermögen muß von Natur aus dem Menschen angeboren sein, auch wenn die neurophysiologischen Voraussetzungen für den Klarheitszustand einem Wachstumsvorgang unterworfen zu sein scheinen. Alle Bewußtseinszustände leuchten fallweise ohne

Rücksicht auf die Reihenfolge unserer Darstellung auch zwischendurch unter bestimmten Bedingungen auf, ohne jedoch Beständigkeit zu erlangen.

Hat aber das Einheitsbewußtsein einmal Beständigkeit erlangt, dann ist es das wiedergefundene Paradies; erst hier kann wieder aus dem vollen geschöpft und im Überschwang des Herzens gelebt werden. Das bedeutet dann unbegrenzten Erlebnisreichtum auch aller Einzelwerte, die durch ein uneingeschränktes Gewahrsein bis zu ihrem absoluten Aspekt erkannt werden können. Dadurch werden alle Unterschiede in ihrer Eigenart und Schönheit stärker und farbiger erfahren, so daß deren Wesen voll sichtbar wird. Das Verschiedene ist aber zugleich von der unbegrenzten Macht der Harmonie durchdrungen, so daß der Schauende nicht Mißvergnügen am Gegensatz, sondern Freude daran empfindet. Es ist schier unfaßlich, welche vereinigende Kraft das Bewußtsein besitzt. Würde sie mobilisiert, dann herrschte sie auch außen unter den Menschen und in der Umwelt. Die Einheit und Gemeinschaft bezieht sich nur auf die Dreiheit von Bewußtsein, Wahrnehmungsgegenstand und Bewußtseinsvorgang, d.h. das Gewahrsein, nicht aber auf die Objekte untereinander; denn das hätte einen totalen Wahrnehmungsnebel zur Folge.

Das Einheitsbewußtsein ist in die Stille der Ewigkeit eingetaucht, die mit unermeßlicher Kraft und Dynamik aufgeladen ist, bereit, jederzeit in Bewegung zu geraten. Das Bewußtsein der Stille birgt deren ganzen Wissensschatz, dessen Besitz das größte Vermögen darstellt, über das der Mensch verfügen kann. Es ist das Ganze. Was soll er sich mit Teilstücken und Kleinstportionen begnügen, wenn er davon erfahren hat?

Das Einheitsbewußtsein darf nicht mit Vorstellungen verwechselt werden, die von einer vermeintlichen Auflösung des Ich im grenzenlosen Ozean des Seins ausgehen. Die

Stille ist kein Ende, kein Stillstand, sondern der kraftvolle Anfang schöpferischen Lebens. Das uneingeschränkte Gewahrsein ist nicht das Verlöschen des individuellen Bewußtseins, sondern dessen Ausweitung auf die Ebene des Universalen, Allesumfassenden, Allesbegreifenden. Der Drang in diese Weite, zu dieser Freiheit wirkt in jedem Menschen, der seinen derzeitigen Zustand der Enge als unbefriedigend oder unerfüllt empfindet.

Es bedarf klarer Auskünfte über die Bewußtseinsstufen und den Annäherungsweg zu diesem Ziel. Wie anders sollte jemand davon erfahren und ermutigt werden, sich dorthin auf den Weg zu machen? Mit unverbindlichen, nicht nachprüfbaren Thesen von unerreichbaren Zielen würde ein etwa Bereitwilliger nicht angelockt, sondern nur entmutigt werden.

Es wäre ganz verfehlt, diese Darstellung zum Gegenstand schöngeistiger Unterhaltung zu machen. Es ist unmöglich, auf den Stelzen von Gedanken oder Einbildungen wirkliche Schritte in Richtung Ziel auszuführen. Auch das Haften an Erinnerungen oder das Verteidigen von Lehren – so erhaben diese auch sein mögen – blockiert den eigenen Weg. Das Heil liegt nicht in der Vergangenheit, sondern im Augenblick, der vorwärts gerichtet ist. Man muß sich einen Ruck geben, um vom Feld der grauen Theorien auf die grüne Wiese der Lebenswirklichkeit zu gelangen. Die hierfür erforderliche Kraft hängt von dem Lebenswillen, dem Zielstreben, der Wachheit und Beweglichkeit des Suchenden ab. Er müßte nicht nur möchten, sondern wirklich wollen, und vor allem dann auch tun. Seine Schritte führen ihn dann auf dem Boden der eigenen Erfahrung zur inwendigen Quelle allen Wissens, die im Grund seines Bewußtseins gefaßt ist. Hier erhält er die Auskunft, was Wissen und Bewußtsein in Wahrheit sind, denn letztlich kann er diese Gewißheit nur hier erhalten. Es besteht heute für jedermann die Möglichkeit, auf dem Wege der Übung jene physiologischen Bedingungen zu schaffen, die jede Art von Bewußtseinszustand widerspiegeln können. Es gibt überhaupt keinen vertretbaren Grund, die erforderlichen Schritte zu unterlassen. Das gilt um so mehr, als das Ziel nicht nur in allen Fasern, Phasen, Wegen und Schritten vollkommen gegenwärtig ist, sondern weil es heute ein sicheres Verfahren gibt, das jedermann das Entdecken des Gesuchten ermöglicht.

Was erschaut die Seele, so sie Gott schaut?
Eine einige Kraft. Diese einige Kraft machet
sie eins mit sich. (Meister Eckhart)

Die Heilung des Leibes

Das Bewußtsein oder – was als dasselbe gilt – das Selbst besitzt Ewigkeitsnatur. Das kann nur etwas Vollkommenes sein. Und doch haben sich seit Menschengedenken viele bemüht, ihr Bewußtsein zu verändern und zu verbessern, als ob es doch zur Welt des Vergänglichen, Relativen gehören würde, wo stets etwas getan werden muß. Tun ist in der Tat mit Bewegung verbunden, die zum Feld des Wandelbaren gehört. Demnach könnte das Bewußtsein selbst nicht vertieft, gesteigert, ausgeweitet oder verändert werden, sondern nur das Wahrnehmungsvermögen, soweit dessen Leistungsfähigkeit mit dem Zustand des Leibes verkoppelt ist. Tatsächlich gehört der Leib seiner Beschaffenheit nach zum Veränderlichen, Entwicklungsfähigen und stellt somit das einzige Feld dar, auf dem etwas verbessert werden könnte. Dann aber geht es darum, ihn zu vervollkommnen, zu behandeln und das Leistungsvermögen seiner Werkzeuge zu steigern, nicht aber um das Bewußtsein selbst. Wir könnten ja auch nichts befreien, erlösen oder verwirklichen, das nicht bereits vorhanden wäre. Dieser Sachverhalt wird schon in Mythen und Märchen ähnlich dargestellt. Wenn davon die Rede ist, daß das Bewußtsein entfaltet werden soll, haben wir es eigentlich mit dessen Enthüllung zu tun.

Maharishi Mahesh Yogi stellt fest, daß der Weg zur Befreiung des Selbst ein physiologischer ist. Unsere Leiblichkeit ist mit ihrem Nervensystem und Gehirn die Voraussetzung dafür, daß uns die Schöpfermacht, die Liebe oder das Sein bewußt und zum Selbst-Bewußtsein wird. Denn an welchem Ort sonst könnte dieser Merkvorgang stattfinden?

Es ist wahrhaft ein Wunder, daß in den stofflichen Bahnen des Gehirns geistige Vorgänge stattfinden können.

Paulus betont in seinem ersten Brief an die Korinther (6.19/20):

> Oder wisset ihr nicht, daß euer Leib ein Tempel des heiligen Geistes ist, der in euch ist, welchen ihr habt von Gott, und seid nicht euer selbst? Denn ihr seid teuer erkauft; so preiset Gott an eurem Leibe und in eurem Geiste, welche sind Gottes.
>
> Der Körper ist Diener des Geistes. Aber keine Herrschaft funktioniert, wenn die Dienerschaft streikt. (Maharishi Mahesh Yogi)

Das alte Wissen um die Funktionseinheit von Körper und Bewußtsein gilt heute als naturwissenschaftlich gesichert. Die psychosomatische Medizin geht von diesem Sachverhalt aus. Jedem Bewußtseinszustand entspricht eine ganz bestimmte neuro-physiologische Gegebenheit und umgekehrt. Je reiner die Physiologie, um so klarer ist das Bewußtsein, desto unverfälschter die »Sicht« mit entsprechend hochgradiger Erlebnisfähigkeit.

> Selig sind, die reinen Herzens sind; denn sie werden Gott schauen. (Mt. 5,8)

Die Bergpredigt enthält noch weitere Hinweise auf die Einheit von körperlicher Befindlichkeit und seelischer Gestimmtheit. Wenn die Reinheit und Ursprungstreue des Wahrnehmens vom Zustand des Leibes und der Tüchtigkeit seines Nervensystems abhängt, dann müssen wir auch ihn hochachten – und -halten. Ist das Nerven- und Neuronensystem überlastet, überanstrengt, verspannt oder vergiftet, dann kann das Bewußtsein nicht rein, klar und leuchtend sein, es ist vielmehr verfinstert von Angst, Sorge, Einsamkeit, Verzweiflung oder gar Hoffnungslosigkeit.

Die neuesten Erkenntnisse der Physiologie vom Bewußtsein, einschließlich der durch planmäßige Versenkung gewonnenen, stellt Bloomfield anschaulich und ausführlich in seinem Buch »T. M.-Transzendentale Meditation – Lebenskraft aus neuen Quellen« dar. Hier wird gezeigt, wie mit der Ruhe auch überall die Ordnung zunimmt, sich die vom Meßinstrument aufgezeichneten Muster der Gehirnwellen verändern, die Stoffwechselrate sich verlangsamt, wie der Sauerstoffverbrauch und die Kohlendioxydausscheidung abnehmen, der Milchsäurespiegel absinkt, das Herz entlastet und die Leitfähigkeit der Atmungsorgane verbessert werden, wie die Durchblutung zunimmt und der Hautwiderstand gegenüber elektrischem Schwachstrom steigt, wie sich der Blutdruck normalisiert und tiefe Entspannung der Muskulatur eintritt. Das alles sind Merkmale für Ebenen sehr tiefer Ruhe. Sie aber ist es, die sich vorteilhaft auf die verschiedenen Nervenzentren, Schaltstellen oder Signalanlagen im Gehirn auswirkt. Über das Wunderwerk der Funktionsmechanismen in ihrer unfaßlichen, allseitigen, sinnvollen Wechselwirkung wird ausführlich berichtet, aber auch über die Störungen, welche das ganze System in Unordnung bringen und dann vom Betroffenen als seelisches oder körperliches Leiden empfunden werden. Es wird deutlich, was Schlaflosigkeit bewirkt, warum zu hoher Blutdruck entsteht, woher Magengeschwüre kommen, wieso Herzversagen so häufig ist und Kopfschmerzen so verbreitet sind. Wir sehen, warum dabei der Streß eine Hauptrolle als Verursacher spielt, und welche Maßnahmen ergriffen werden müssen, um seinen schädlichen Einfluß als Unruhestifter, Fortschrittshindernis und Lebenshemmschuh auszugleichen.

Der Ausdruck Streß wurde von Prof. Dr. Hans Selye für einen Sachverhalt geprägt, bei dem sich das gesamte menschliche System selbsttätig und allgemein auf eine bevorstehende oder bereits eingetretene Belastung einstellt.

Streß also ist nicht nur zum Leben, sondern auch zum Überleben unerläßlich. Andernfalls wäre der Mensch zu keiner Zeit befähigt gewesen, erfolgreich anzugreifen, sich zu verteidigen oder die Flucht zu ergreifen. Früher allerdings besaß er bessere Möglichkeiten, sich körperlich abzureagieren, sich zu entspannen und sein Gleichgewicht wiederzufinden. Die mit der Anpassung verbundenen chemischen Vorgänge bewirken einen Zustand angriffslustiger oder ängstlicher Gereiztheit, oft bis zu äußerster Unruhe. Wenn die Pausenlosigkeit der Reizflut, das Übermaß an beruflichen Pflichten oder seelischem Druck nicht mehr ausgeglichen, die Alarmstoffe nicht mehr ausgeschieden werden können, kommt es zu einer übermäßigen, weil pausenlosen Angespanntheit auf Dauer. Und nun treten alle Leiden und Krankheiten auf den Plan, die das Leben mehr und mehr zur Pein werden lassen. Deshalb wird heutzutage unter Streß meist etwas Schädliches verstanden, während in Wirklichkeit damit nur die Folgen fehlenden Ausgleichs gemeint waren. Trotzdem soll *hier* der Begriff Streß im abträglichen Sinn verwendet werden.

Das wirksamste Mittel gegen den Streß ist die Ruhe. Reicht die gewöhnliche Ruhe jedoch hinsichtlich Zeit und Tiefe nicht aus, um die Gespanntheit zu lösen, dann müssen planmäßig Entspannungspausen eingeschoben werden, die das System regelmäßig auch in der Tiefe entlasten. In der Ruhe kann das weise Walten der Natur vom Menschen nicht beeinträchtigt werden. Weil er sich dann um die einzelnen Gesundheitsmängel oder Streßfolgen nicht kümmern kann, ist jetzt die Bahn frei für das ungestörte und deshalb höchst erfolgreiche, alles einzelne zugleich erfassende Heilwirken der Schöpferkraft.

Der Arzt behandelt, die Natur aber heilt. (Lateinische Weisheit)

Die größte Heilerin der Natur ist die Ruhe. (William Shakespeare)

Da Streß eine Sache des Körpers ist, muß dieser Ruhe haben, um sich zu entspannen und zum Ausgleich zu kommen. Erst dadurch können wir uns auch bewußtseinsmäßig wieder für den vollen Wert von Ordnung und Harmonie aufschließen. Mit sinkender Aktivität und verfeinertem Wahrnehmen wird mehr Gesetzmäßigkeit und Einklang erlebt. Wenn die Verbindung der Bewußtheit mit dem Sein durch leibliche Hindernisse gestört wird, dann ist der Geist von seinem Ursprung abgeschnitten, wodurch Sinn, Kraft und Wert des Schöpferischen eingeschränkt werden. Eindrucksmangel und Ausdrucksschwäche bedeuten Leiden. Als ein auch religiöses Wesen (lat.: ligere = binden, verbinden, vereinigen; religere = zurückbinden, anbinden) ist der Mensch auf diese Verbindung zum Quellgrund seines Lebens angewiesen, denn von wo sonst sollte er mit Leben versorgt werden? Wird die Zufuhr unterbrochen, dann treten alsbald Mangelkrankheiten ein.

Nachdem der Streß von Maharishi Mahesh Yogi als das Haupthindernis für das Freiwerden des Bewußtseins und das Fortschreiten des Lebens entdeckt war, konnte ein Strahl der Hoffnung auf das mühselige Versuchsfeld geistiger Selbstvervollkommnung fallen.

Die Unkenntnis des Leibes als Stützpunkt des Bewußtseins und Aufenthaltsstätte des Geistes hat dazu geführt, daß seine Heiligkeit in sträflicher Weise vernachlässigt und abgewertet worden ist. Die vergeblichen Bemühungen, um ein leibfreies Verwandeln des Bewußtseins haben ihm Not und Qual eingetragen. Er kann nur dann den seiner Würde entsprechenden Rang einnehmen, wenn sein Wert auf die geistige Stufe gehoben wird. Sein Heil bedingt die Heilung des Geistes im Sinne eines Ganzwerdens. Er ist zum wissenschaftlich gesicherten Boden geworden, auf dem die Schritte zum Heilen unternommen werden können. Die Seele kann nicht ohne Lösung des Leibes erlöst werden.

Der Mensch macht vom Vermögen seines Gehirns wahrscheinlich nur zu einem Teil Gebrauch. Wenn dieser Teil obendrein noch ungeordnet ist, dann kann der Mensch nicht der sein, der er eigentlich ist. Dieses Nicht-Sein verhindert das Wesenhafte, läßt das Leben verfehlen und führt zu schlimmen Folgen.

Der Mensch ist dann nicht auf der Höhe, sondern in einem Dauertief; er befindet sich weder in Freiheit, Weite, Frieden, Liebe und Freude, sondern in Einsamkeit, Zwang, Enge, Angst und Ärger. Seine Antriebskräfte sind wie lahmgelegt. Er steht dann nicht mehr im Einklang mit seinem Gesetz und seiner Bestimmung, ein vollkommener Mensch zu sein. Er spürt, daß er nicht in Ordnung ist, er fühlt sich nicht wohl, ihm geht es nicht gut, etwas stimmt nicht mehr mit ihm, ihm fehlt etwas: Es ist das Heile und die Harmonie des Ursprünglichen. Das macht ihn ganz krank. Krank-sein aber kann er nicht als Inhalt, Sinn, Ziel und Erfüllung seines Lebens anerkennen. Gefühlsmäßig trachtet er nach einem Leben, zu dem er ja sagen und sich bekennen kann, das ihn beglückt und selig macht. Alle Menschheitsführer haben von der Möglichkeit des Heils, einem edleren Leben aus der Fülle gewußt; denn sonst hätten sie es nicht verkündet und versucht, die Seele des Menschen durch Erlösung von Mängeln und Leiden dahin gelangen zu lassen.

Der Weg dorthin erfolgt Schritt für Schritt, von Punkt zu Punkt. Aneinandergereiht ergeben sie eine Linie, welche die Lebensbahn des Menschen darstellt. Die bestmögliche ist die ihm bestimmte, das ihm Gesetzte, ohne deren getreuliche Einhaltung er das Ziel seiner Bestimmung nicht erreichen, seine Pflicht, er selbst zu werden, nicht erfüllen kann. Bewegt er sich abseits seiner Bahn, dann muß er sich mühsam durch das Dickicht von Zweifeln, Fehlern, Nachteilen und Mißerfolgen vorankämpfen. Sieht er aber dank eines ungetrübten Gewahrseins die Lichtpunkte seiner Lebenslinie wie die Leitstrahler auf dunkler Straße aufleuchten, dann kann er sich an ihnen mit zielsicherem Spürsinn ausrichten, ohne daß es jeweils einer willkürlichen Entscheidung bedarf.

Solange das Gewahrsein unseres Selbst fehlt, sind wir absolut unwissend, so viele relative Kenntnisse wir auch besitzen mögen. Wir kennen die Hauptsache nicht, nämlich den Wissenden selbst. Wir schwimmen an der Oberfläche des Bewußtseins, wo wir von den Wellen unserer Gefühle und Gedanken hin und her geworfen werden wie ein ankerloses Boot im Sturm. Dort nach Sicherheit und Geborgenheit zu suchen, hieße aus Unwissenheit hinsichtlich des einzig Verläßlichen zu handeln. Streben wir nach beständiger Tragkraft, dann müssen wir den Schwerpunkt unseres Lebens in die eigene Tiefe verlagern und auf ihrem Grund Wurzeln schlagen. Wollen wir das, so müssen wir unseren Körper ausruhen lassen, nur so werden wir die Verspanntheit los, die den geistigen Horizont einschränkt und den Zugang zum Ursprung verlegt. Möchten wir in die allumfassende Ordnung kommen, müssen wir selbst geordneter werden. Wir bedürfen der tiefen Stille, um aus ihrem Grund jene Harmonie und Kraft zu gewinnen, die es in der Alltagsarbeit zu bewahren gilt. Dies geschieht Hand in Hand mit der Enthüllung des Bewußtseins auf schöpferische Weise von selbst. Wo das der Fall ist, wird das jeweils Erfahrene als etwas Natürliches und Selbstverständliches bemerkt. Es kommt aber nicht auf die Erfahrungen und ihre Inhalte an, sondern auf die Langzeitwirkung der schöpferischen Ordnungskraft.

Jede Bewußtseinsebene hat ihre Eigenart: Während des Wachzustandes kommt uns das hier Wahrgenommene als wahr vor. Das gleiche gilt für das Träumen, wo es neben dem Geträumten keine anderen Wirklichkeiten gibt. Ebenso wie der Tiefschlaf besitzen auch die höheren Bewußtseinsstufen ihre Merkmale, ohne daß diese im jeweiligen Zustand als verwunderlich empfunden werden. Wir sehen, erleben und sind so, wie wir bewußt sind. Und wir sind uns nur insoweit bewußt, als es der augenblickliche Zustand unseres Leibes zuläßt. Der Leib ist die Pforte zum Heil.

Zusammenfassend läßt sich feststellen: Streß und Krafteinsatz gehören zum Voranschreiten, dessen Dynamik zum Ziel führen soll. Wir haben uns deshalb angewöhnt, das Leben als Kampf zu betrachten. Dies aber ist nur die eine Seite der Ansicht. Betrachten wir das Leibhaftige als etwas ebenfalls zum Leben Gehörendes, dann können wir auch dort ein natürliches Vollkommenheitsstreben entdecken. Es zielt auf das volle Gewahrsein der Lebensfülle ab, und das ist die Erfüllung. Ein erfüllter Mensch befindet sich im Frieden mit sich selbst, in Harmonie mit seiner Umwelt, im Einklang mit den Gesetzen der Natur. Alles einzelne greift dann geräuschlos wie in einem Zahnradgetriebe ineinander, aus dem der Sand entfernt worden ist. Gegenüber dem Eindruck vom Kampf und Spannung tritt das Gefühl spielender Reibungslosigkeit in den Vordergrund. Mit der Erlösung des Leibes wächst die Freiheit des Geistes, die Liebe des Herzens und die Freude des Lebens.

Die Harmonie der Stille

Seiner Herkunft nach bedeutet das Wort Harmonie soviel wie Einklang, Wohlklang, Zusammenklang, Übereinstimmung, Ausgewogenheit, Einfügung in ein Ganzes, maßvolles Verhältnis der Teile und Glieder zueinander nach ewigen Gesetzen. Auf der Suche nach einer mathematischen Bestätigung der von Pythagoras entdeckten »Weltenharmonie« fand Kepler, daß die Geschwindigkeit der Planeten an dem jeweils fernsten und nächsten Punkt ihrer elliptischen Umlaufbahn um die Sonne Intervallproportionen bildet. Sie stehen in einem ganzzahligen Verhältnis zueinander. Dieses Verhältnis ergibt die ganze Dur- oder moll-Tonleiter, je nachdem, wo mit der Messung angefangen wird und in welcher Richtung sie verläuft. Kepler stieß auf diese Gesetzmäßigkeit auch in der Musik, während man erst später bestätigt fand, daß sie auch die Anlage des menschlichen Gehörs bestimmt. Der Gehörsinn vermag die Zahlengrößen der harmonikalen Ganzheitsordnung unwillkürlich als Intervalle zu erkennen und als Musik zu erleben. Darin zeigt sich der enge Zusammenhang zwischen einem wissenschaftlich-mathematischen Weltbild und seelischer Verarbeitungsfähigkeit. Spätere Ergebnisse der harmonikalen Grundlagenforschung von Prof. Rudolf Haase, Wien, und anderen zeigen, daß die Proportionen der kosmischen Gesetze anzutreffen sind in der Kristallographie, Chemie, Biologie, Zoologie, Botanik, Anthropologie, Mythologie und in der Rhythmik der Körperfunktionen. In den verschiedenen Künsten stoßen wir auf die Erscheinung kosmisch-harmonikaler Ordnung, deren Wirkkraft persönlich erlebt werden kann. Denken wir noch an die Metrik und Zahlensymbolik der ältesten Kultursprachen – Sanskrit und Hebräisch – dann erinnern wir uns an die Eigenart ihrer Lautschwingungen, die auch den Lautursprung, die Stille, in das Klanggebilde einschließen, ja gerade nach dort zu führen vermögen. Wir haben hier den Finger am Puls des schöpferischen Ursprungs, der sein Urgeheimnis rhythmisch kundtut durch Klang, Wort, Sprache, Gesang, Musik oder Tanz oder der sich im Gipfel künstlerischer Verdichtung offenbart. Wird nicht der Schöpfungsplan erkennbar, dessen Gesetzmäßigkeit sich zwar in Zahlen ausdrückt, der aber dem Sinn und Gehalt nach geistiger, unermeßlicher Natur ist und deshalb nur von der Seele aufgenommen werden kann?

Wir Menschen haben nicht nur einen angeborenen Sinn für Ordnung, Rhythmik und Schönheit, sondern auch das Verlangen und die Fähigkeit, selbst Harmonie zu sein. Wenn sie uns etwa im Ebenmaß der Töne begegnet, haben wir zeitweise den Eindruck von etwas Vollkommenem. Wir geraten dann in Staunen, Ergriffenheit, Demut, Dankbarkeit und Hingabebereitschaft. Alles das kann übermächtig zu einem Selbstausdruck des Lebens führen, der als unbedingte Freude und absichtslose Liebe erfahren wird. Liebe auf dieser Stufe ist Glückseligkeit und umgekehrt. Die bedingte, veränderliche Liebe bedarf eines Gegenüber als Bezugspunkt, auf den sie sich richten kann, den sie haben und festhalten möchte, ängstlich darauf bedacht, ihn nicht zu verlieren. Die unbedingte Liebe hingegen ist etwas Inwendiges, Beständiges, Dauerhaftes, das ungerichtet wie eine Lebensflut alles umfaßt, was sich im Blickfeld befindet. Sie schätzt das Geringste wie das Höchste, ohne jedoch das jeweils Eigentümliche zu verkennen. Sie durchdringt die Oberfläche aller Erscheinungen bis zu deren Wesensgrund und stößt dabei auf den gemeinsamen Nenner für alles. Sie hat kein Ziel außer das All-Eine und das ist sie selbst.

Nackte Zahlen werden nicht als Glück empfunden. Wenn aber die kosmische Mathematik der Weltharmonie vom menschlichen Bewußtsein als Liebe oder Glück erlebt wird, dann muß das kosmische Sein den entsprechenden Wert enthalten. Dann könnte Glück die Natur beider Seinswesen sein. Daran jedenfalls zweifeln weder die Wissenden noch die Erfahrenen; für sie ist Glückseligkeit der »Geschmack«, an dem das Sein vom menschlichen Bewußtsein erkannt wird. Goethe hat diese Gemeinsamkeit auch angedeutet:

Wär' nicht das Auge sonnenhaft,
die Sonne könnt' es nicht erblicken.
Lebt' nicht in uns des Gottes eigene Kraft,
wie könnt' uns Göttliches entzücken.

Der Sinn des Lebens wäre dann gemäß seines Steigerungsdranges, zum Gipfel der Glückseligkeit zu gelangen; denn dies würde Sein in Vollkommenheit bedeuten und als Liebe bezeichnet werden.

Der Weltgeist will nicht fesseln uns und engen, er will uns Stuf' um Stufe heben, weiten. (Hermann Hesse)

Das Vollkommene ist dem Menschen als entwicklungsgeschichtliche Bestimmung eingeprägt, ähnlich einem Samen, der seinen Werdeauftrag von allem Anfang an vollkommen in sich trägt. Das Wachstum geht vom Vollkommenen der Ausgangslage über unvollkommene, aber naturbedingte Zwischenstufen vor sich, um letztlich im Formvollendeten einzumünden. Weil die Unvollkommenheit der Zwischenstufen als unbefriedigend empfunden wird, bleiben wir stets daran erinnert, ein »Bild Gottes« (1. Mo. 1.27) zu werden und »vollkommen wie der Vater im Himmel zu sein«. (Mt. 5.48)

Wo nun ist das Vollkommene anzutreffen und wie ist es zu verwirklichen? Die vollkommene Ordnung ist von der Natur gesetzt und kann deshalb von Menschenhand weder erzeugt noch beseitigt werden, wenn auch Störungen möglich sind. Ein übermächtiger Drang herrscht in der Natur, alles wiederherzustellen, zu ordnen, auszuheilen. Das entspricht in etwa dem, was im Christlichen als Gnade gilt, auch wenn diese nur als Einwirkung von außen oder oben angenommen wird.

Bekanntlich geht von bestimmten Kristallisationspunkten aus die Ordnung vom Teil auf das Ganze über: eine übersättigte chemische Lösung in formlosem Ruhezustand neigt jederzeit dazu, gemäß dem ihr innewohnenden Gesetz alle möglichen Kristalle zu bilden, die nach Maß und Winkel vollkommen in Ordnung sind. Für den Übergang des weniger geordneten Zustandes in einen höheren genügt der Einwurf eines einzigen, vollkommen geordneten Kristalls. Die Voraussetzung dafür ist nur, daß die Lösung in Ruhe gelassen und nicht bewegt wird. Da »alles auf alles wirkt«, kommt dem überlegen geordneten Einzelteil größte Bedeutung zu.

Im zwischenmenschlichen Bereich scheint diese Gesetzmäßigkeit auch zu herrschen; denn gefühlssicher richten wir uns nach dort aus, wo die meiste Ordnung anzutreffen ist. Die alten Lebensweisheiten machen darauf aufmerksam, welche Wirkungen vom Einzelnen ausgehen und wieder auf ihn zurückkommen.

Wie man in den Wald ruft, so hallt es zurück.
Was der Mensch sät, wird er ernten. (Gal. 6.7)
Was ihr wollt, das euch die Leute tun sollen, das tut ihr ihnen auch. (Mt. 7,12)
Selig sind die Sanftmütigen; denn sie werden das Erdreich besitzen. (Mt. 5.5)
Selig sind, die Frieden schaffen; denn sie werden Gottes Kinder heißen. (Mt. 5.9)

Bei unübersichtlichen und bedrohlichen Umständen werden Menschen oft kopflos und verzweifelt. Wenn dann eine einzige Hauptperson die Nerven nicht verliert, sondern Ruhe bewahrt, überträgt sich deren Ordnung auf die Gesamtheit. Es heißt dann: Der hat aber die Ruhe weg, wobei eigentlich seine Geordnetheit gemeint ist. Wer in sich ruht, ruht in seinem Menschsein, und das bedeutet neben allem anderen, selbst in ernster Lage auch den Humor nicht zu verlieren. Ein Mensch, der nicht lachen und sich freuen kann, wirkt bedrückend. Er ist durch Lebensarmut gezeichnet und auf Anteilnahme angewiesen.

Aus der östlichen Überlieferung wissen wir, welch großer Einfluß von einem wahren Meister auf seine Schüler ausgeht. Allerdings gibt es für diese Art von liebevoller Gemeinschaft und geistigem Einklang kaum Vergleiche. Der Meister verbreitet Ruhe, Frieden, Richtung, Geborgenheit, Ordnung, Freude, Liebe und Glück in einer Weise um sich, daß die mit ihm zusammenlebenden Schüler unwillkürlich auf eine höhere, würdige Lebensebene gehoben werden. Sie erhalten einen Vorgeschmack von dem, was sie wertmäßig als ihr eigentliches Selbst zunächst noch nicht ent=deckt haben. Das allerdings kann fallweise zugleich als eine Art Gericht über das Verhaftetsein an das eigene Un-wesen wie ein Zwiespalt erfahren werden. Die Stätten für derart innere Ausbildung sind meist an landschaftlich reizvollen, friedlichen und stillen Plätzen errichtet. Offenbar gibt es Stellen, wo die »Wirklichkeit der Götter« (Walter F. Otto) verdichtet anwesend ist – jedenfalls solange es vom Verhalten der Menschen zugelassen wird. In der ökumenischen Bibel: ›Die Gute Nachricht‹ steht:

> Kommt, wir suchen uns einen einsamen Platz, da wo wir allein sind und ihr euch ausruhen könnt; denn es war ein ständiges Kommen und Gehen, so daß sie nicht einmal Zeit zum Essen hatten. Sie stiegen in ein Boot und fuhren an eine einsame Stelle. (Mk. 6.31)

Wir kennen aus eigener Erfahrung die erholsame und beruhigende, ordnende Wirkung einer in Harmonie befindlichen Landschaft, wenn dort noch Stille herrscht und wir empfänglich dafür sind. Bei einem Spaziergang durch den verschwiegenen Wald, dem Erlebnis des Wetters – im Spiel der Wolken und Nebel, im strömenden Regen oder Schneegestöber –, dem Eindruck des Wassers, der bewegten Ruhe von Bächen, Seen und dem Meer ist der Mensch ein anderer, ein wohlgestimmter. Die Urlandschaft der Gebirge, Wüsten und Moore wirken so eindringlich zwingend auf die Seele, daß diese in Ergebung darin versinken möchte. Ähnliches kann auch beim Betreten von Räumen erfahren werden, die geheiligt sind, weil ihre Ebenmaße stimmen. Wer wäre noch nicht beim Betrachten von wirklichen Kunstwerken in Andacht und Ehrfurcht geraten oder von den Klängen großer Meister in eine höhere Welt versetzt worden? Befreiend und beseligend ist vor allem der beherrscht getanzte Rhythmus einer Melodie, deren Harmonie die Tanzenden beschwingt und miteinander verbindet. Dann verkörpern sie selbst das Ewige des Einklangs, der sie erfüllt. Das aber erleben auch andere künstlerische Menschen beim Schaffen, wenn sie selbstentrückt und dennoch klar bewußt verspüren, wie das Schöpferische sich ihrer spielerisch bedient.

Da aber nicht jedermann die Möglichkeit besitzt, sich den harmonisierenden Wirkungen von Meister, Natur oder Kunst auszusetzen, um sich zu höheren Ebenen aufzuschwingen, muß er sich dem Nächstliegenden, dem eigenen Inneren zuwenden, wo die vollkommene Ordnung als etwas kosmisch Allumfassendes anlagemäßig ebenfalls anwesend ist. Der auf seiner Reise in die auswärtige Ferne verlorengegangene Sohn (Lk. 15.11) zeigt mit seiner Umkehr, daß jederzeit die Möglichkeit besteht, von den bedingungslos ausgestreckten Armen des Vaters wieder aufgenommen zu werden. Die allnächtliche Heimkehr des Geistes in die

Arme des Schlafes ist eine Entsprechung auf der biologischen Ebene. Wir erleben tagtäglich, daß es beim Einschlafen mit zunehmender Ruhe angenehmer, weil friedlicher, geordneter wird. Die Erinnerung an die Träume ist verschwommen, an den Tiefschlaf fast verloschen, aber dennoch wissen wir danach, daß wir geschlafen und tief geruht haben. Wie sonst ließe sich am Morgen sagen, daß es wundervoll war, wir uns ausgeruht und wie neugeboren fühlen? Je länger das Ausgeruhtsein anhält, desto mehr bleibt die Tagesarbeit leicht und erfreulich. Ist der Ruhevorrat erschöpft, dann werden wir erschöpft und überanstrengt, was höchst unerfreulich ist. Freude als Ausdruck innerer Harmonie hängt eng mit dem Ausgeruhtsein, der Bewahrung von Ruhe und Ordnung zusammen. Ein freudloses Leben ist ohne Glanz, Wert und Sinn. Freude ist der dem Leben eigentümliche Selbstausdruck durch unser Bewußt-sein. Sie steigert sich gleichzeitig mit jeglicher Aufwertung des Lebens. Zu merken, daß diese Freude unsere Ur-eigenschaft ist, macht glücklich.

Was tut ein Mensch rein gefühlsmäßig, wenn er nicht in Ordnung ist? Er legt sich ins Bett, gibt Ruhe und schläft. Damit schafft er die besten Voraussetzungen dafür, daß sich die ordnenden Heilkräfte seiner Natur mit ihrem Gesundheitswillen ungestört auswirken können. Wir versuchen vorher ausgiebig zu schlafen, wenn wir etwas Großes leisten oder Schweres entscheiden müssen. Manche Forscher fanden des Rätsels Lösung durch Einfälle beim Träumen.

> Es ist umsonst, daß ihr früh aufsteht und hernach lang sitzet und esset euer Brot mit Sorgen; denn seinen Freunden gibt er es im Schlaf. (Ps. 127.2)

Die naturwissenschaftlichen Erkenntnisse haben Aufschluß darüber gebracht, was es mit der Ruhe eigentlich auf sich hat. Versuche haben ergeben, daß durch den Temperaturrückgang eines physikalischen Gefüges die Geordnetheit seiner Bestandteile und Unempfindlichkeit gegenüber Einflüssen von außen zunimmt. Der zuletzt erreichte Zustand geringster Bewegtheit ist durch Vollkommenheit hinsichtlich Geordnetheit, Harmonie, Einheitlichkeit, Einfachheit und Beständigkeit oder Ursprungstreue gekennzeichnet. Dieser Zustand ist in sich deshalb unwandelbar beständig, weil aus ihm alles gesetzmäßig Mögliche, alle Veränderungen hervorgehen, ohne daß er sich selbst verändert.

Wenn die Gedanken- und Sinnesaktivität im menschlichen Gehirn bis zu einem Ruhezustand geringster Bewegtheit absinkt, weisen die Muster der gemessenen Gehirnwellen ein Höchstmaß an Geordnetheit in sich auf. Aber auch zwischen den Wellenmustern von rechter und linker Gehirnhälfte herrscht dann hochgradige Harmonie. Beide Hälften wirken trotz ihrer verschiedenen Aufgaben einträchtig und einander ergänzend zusammen. Aus dieser Ganzheit entstehen vollkommene, fehlerfreie, schöpferische Erfolge ohne Reibungsverluste. Ein derartiger Ordnungszustand wird als beglückend erfahren.

In der Bhagavad-Gita (II.66) ist davon die Rede, daß der Geist ohne den Einklang mit der kosmischen Intelligenz, ohne die Harmonie und Ordnung des inneren Friedens kein Glück erfahren kann. Der Weg ins Glück verläuft über den Frieden der Ruhe. Diese alte Weisheit fand Maharishi Mahesh Yogi physiologisch durch die Naturwissenschaft bewahrheitet. Sie lieferte ihm den gesicherten Boden für den Vorstoß ins Innere, in Richtung Stille. Im Grunde sind wissenschaftliche Erkenntnisse und geistige Erfahrungen keine getrennte Welten, sondern eine Ganzheit, deren Gesetzmäßigkeit allgemein gültig ist.

Auf das Geheimnis der Stille weist eine Reihe von zu wenig beachteten, doch sehr zutreffenden Worten hin:

Wenn ihr umkehrtet und stille bliebet, so würde euch geholfen: durch Stillesein und Hoffen würdet ihr stark sein. (Jes. 30.15)
Seid stille und erkennet, daß ich Gott bin. (Ps. 46.11)
Nur in der Stille kann die Wahrheit eines jeden Früchte ansetzen und Wurzeln schlagen. (Antoine de Saint-Exupéry)
Die Seele hat die Fähigkeit, mit der Stille der Unendlichkeit sich zu vereinigen, vor den Pforten der Ewigkeit unabhängig zu werden, Frieden zu finden vor all der Unruh, die die tobende Welt erfüllt. Dieser Zustand wird wohl etwas sein wie Gebet, das richtige Beten, von dem Jesus sagt, es gibt doch kein abgeschlosseneres Kämmerlein als das Herz. (Hans Thoma)
In der Stille entfaltet die Natur ihre größte Leistungsfähigkeit. Da geht uns das Geheimnis ihres Wirkens auf. Wir müssen ganz stille werden, um empfänglich dafür zu sein, was werden will. Darum soll in uns Schweigen und tiefe Ruhe herrschen, wenn Gott in uns schafft. (Johannes Müller)

Im Grunde der Seele ist das tiefste Schweigen. Diese Stätte ist allein für das göttliche Wesen ohne alle Vermittlung. Hier zieht Gott ein, mit allem was ER ist. (Meister Eckhart)

Stille finden und Einkehr halten können wir – laut Jesus – nur in uns selbst:

Das Reich Gottes ist inwendig in euch. (Lk. 17.21)
Trachtet zuerst nach dem Reich Gottes, (Mt. 6.33)

weil dann – wie es weiter heißt – alles Gewünschte, Äußerliche naturgesetzlich von selbst eintritt.

Im Schweigen ruht der Mensch in seiner wahren Natur

> und durchdringt somit alle Tiefen seines Selbst. So kann er jede Kraft ins Spiel bringen, wann und wofür das auch immer nötig ist. (Sri Ramana Maharshi)

Auch in der Bibel ist davon die Rede, daß unter bestimmten Bedingungen alles möglich ist:

> Alle Dinge sind möglich dem, der da glaubt. (Mk. 9.23)

Die angegebenen Möglichkeiten reichen vom Versetzen von (Problem)-Bergen, Gesundwerden, Lebenhaben, Gerettetwerden, Auferstehen, Weltüberwinden und Seligsein bis zur Furchtlosigkeit, Sehnsuchtserfüllung und Durchlässigkeit für schöpferische Kraftströme. Dieses Glaubensvermögen erinnert an den »Zustand geringster Anregung« des dritten thermodynamischen Gesetzes, der als Ausgangsebene für alles Mögliche gilt. Dieser Vergleich könnte ein Licht auf die Eigenart des Glaubens werfen. Der Glaube hatte ursprünglich mit Freisein zu tun, im Unterschied zum Unfreisein der Sklaven. Frei waren auch die Verwandten und Freunde, weil gleichrangig. Diese waren liebfreund und einem vertraut. Daraus entstand im Altgermanischen das freundschaftliche Vertrauen zur Gottheit und das liebevolle Verbundensein mit ihr in Freiheit. Im Christentum wurde später daraus das Verhalten »gegenüber« Gott und der Glaube »an« eine Person oder Aussage. Die abgeschwächte Bedeutung ist: für wahr halten, annehmen, vermuten. Wenn aber der Glaube weniger auf Gefühlsinhalten und Glaubenssätzen der verschiedenen Lehrmeinungen besteht, sondern vielmehr im Feststehen auf dem Grund des eigenen Tiefenbewußtseins, dann wäre er persönlich unerschütterlich und unbedingt, er wäre einheitlich und nicht zwiespältig.

Die Wertfülle der Stille besteht darin, daß sie alles Wünschenswerte nicht nur enthält, sondern aus ihrem unerschöpflichen Quellgrund auch hervorgehen und innewerden läßt: Sinn, Lebensdrang, Freude, Liebe, Vertrauen, Frieden, Freiheit, Glück. Ihren Gehalt läßt sie uns vor allem durch die Ordnung und Harmonie erfahren, durch die wir des Ewigen in seiner kosmischen Gesetzmäßigkeit bewußt teilhaftig werden. Wir erleben zunächst zeitweise und dann beständig, daß Widersprüche, Gegensätze, Spannungen nur einen relativen Wert in der Welt der Gedanken und Gefühle besitzen. In Wirklichkeit sind es nur vorübergehende Erscheinungsweisen des einheitlichen Ganzen, welches das im Grunde Zusammengehörige in unserem Bewußtsein zu einer höheren Sinnordnung vereint: Ruhe und Bewegtheit, Innen und Außen, Weibliches und Männliches, Ost und West, Glauben und Wissen, Wesen und Erscheinung, Gott und Welt, Geist und Stoff, Links und Rechts, Plus und Minus. Dies bedeutet dann das Ende des Zwiespaltes, ohne daß die Verschiedenheit deshalb wegfällt, denn sie und ihre Bewegtheit gehören zur Eigenart der Oberfläche. Da sich die Ganzheit in vielen Einzelbewußtsein widerspiegelt, könnten wir auf einen Gesamtzusammenhang schließen, wie er zwischen allen einzelnen Wellen im Meer besteht. Würden wir weniger auf das Trennende und Gegensätzliche achten, sondern mehr auf das Gemeinsame und im Grunde miteinander Vereinte, dann würde die Vielfalt in Harmonie als Herrlichkeit erlebt werden. Dazu aber müßte unser Lebensgefühl im tragenden Grund des Ursprungs fest verankert sein. Werden die Flüssigkeitsspiegel in den beiden Armen einer kommunizierenden Röhre bis auf deren Grund abgesenkt, dann gibt es nur noch einen Spiegel, dessen »Bewußtsein« merkt, daß in Wirklichkeit beide Arme eins und ihr Inhalt derselbe ist.

Wenn die Macht der Harmonie es fertigbringt, die äußersten Gegensätze auf der Ebene des Einheitsbewußtseins miteinander in Einklang zu bringen, dann müßte diese Macht und ihre Gesetzmäßigkeit dort aufgespürt werden, wo sie am größten und reinsten ist: in der Stille. Wenn das

Gewahrsein zur Ruhe kommt, dann fließt von dort die Kraft und der Rhythmus des Ursprungs in das Tun und Benehmen des Menschen. Weil die Harmonie der Stille alles durchdringt, bedenkt, verbindet und steuert, wird symphonisch jede evolutionsgemäße Einzelhandlung von allen Seiten mit der Vollmacht der Natur unterstützt und verstärkt. Die Natur selbst ist Evolution.

Bei einer dauerhaften Öffnung des reinen Gewahrseins für diesen Einstrom der Allwissenheit und Allmacht der Harmonie werden Mitmenschlichkeit, Freundschaft, Liebe und Ehe zur reinen Freude, weil erst hier absichtslos Leben gespendet und dem anderen gedient werden kann. Das aber ist das Ende vom Bemängeln, Mißtrauen, Anklagen, Vorwerfen, Rechten, Richten und Handeln. Der Einklang tritt anstelle des Konflikts.

Es ist nicht einzusehen, warum nur der Naturwissenschaftler die Gesetzmäßigkeit der Natur auf dem Weg über den Grundzustand der Materie oder Energie anwenden soll, während der Lebenskundler auf dem Gebiet des Menschseins von der entsprechenden Möglichkeit keinen Gebrauch macht. Wenn der Mensch kraft seines reinen Gewahrseins zum Träger der dynamisch-rhythmischen Harmonie wird, dann ist er zugleich Heilsbringer und Friedensstifter für die Mitwelt. Dann steht die Vollmacht der Natur hinter ihm. Je mehr einzelne durch Schritte an die inwendige Quelle der Harmonie gelangen, desto rascher hört der Streit und das Leiden der Menschen untereinander auf. Alle Versuche, dies von außen her durch eine Oberflächenkosmetik zu erreichen, sind selbst dort gescheitert, wo sie mit erbarmungsloser Gewalt unternommen worden sind.

Leben ist Rhythmus

Das Leben ist Veränderung, Wachstum, Bewegung. »Der Wandel ist das einzig Beständige« – Wachstum wird von einem Sinn gesteuert, der das Vollkommene durch fortschreitende Veränderung zu erreichen sucht. Schreiten entsteht aus dem schrittweisen Beinwechsel, wobei Belastung und Entlastung, Entspannung und Anspannung, Ruhe und Bewegung aufeinanderfolgen. Dieser Wechsel findet sich in der gesamten Natur. Eine Bewegung im ausgeglichenen, harmonischen Wechsel nennen wir Rhythmus. Am auffälligsten erleben wir ihn in der Musik und im Tanz. Das griechische mousiké soll ursprünglich als etwas Allumfassendes verstanden worden sein, das die menschliche Einzelseele mit der Allseele vereinigte. Der Musiker oder Tänzer weiß davon, wenn das Ewige der rhythmischen Gesetzmäßigkeit durch ihn Schönheit und Gestalt annimmt, wie er dabei bewußtseinsmäßig seine leibliche Begrenztheit in Richtung des Unbegrenzten, Erhabenen überschreiten kann. Wörtlich bedeutet Rhythmus soviel wie Fließen. Das ebenmäßige Hin- und Herfließen im schwungvoll geschmeidigen Wechselspiel ergänzt die Gegenwerte von Ruhe und Bewegtheit zu einem einzigen Ganzen, Heilen. Wenn der Rhythmus die Doppelweise des Lebens zur Einheit verschmilzt, dann ist Rhythmus in der Tat ein Heiler. Geistige Ordnung und rhythmische Bewegung stehen im Zusammenhang durch die gleiche Gesetzmäßigkeit und ein Vermögen, stoffliche Schwingung in geistigen Gehalt und umgekehrt umzusetzen.

Alles ist im Grund Rhythmus. (Friedrich Hölderlin)

Alles Seiende gründet sich und wächst aus dem Rhythmus. (Walter F. Otto)

Ohne die Bewegtheit des Rhythmus könnte die Wahrheit des Menschen – sein Selbst – keine lebendige Wirklichkeit werden. Das Vermögen dazu ruht in der Stille, denn aus ihr wird das »Wissen« aufgeschöpft, nach dessen Richtlinien das rhythmische-tätige Leben dem Ziel seiner Bestimmung zustrebt. Deshalb gilt Wissen als die Voraussetzung des Handelns, wobei nicht an das Gehirnwissen gedacht ist, sondern an jene Information, d. h. Gestaltgebendes, die auch dem Samen als ein Wissen, was er werden soll, eingepflanzt ist. Es ist die Grundwissenheit des Seins selbst, die wir auch in uns als Zielkraft verspüren. Das Wissen bleibt allerdings für uns belanglos, wenn es nicht an das Licht des Tages gelangt und in die Tat umgesetzt wird. Deshalb kommt es nicht nur darauf an, in die Stille zu sinken, sondern daraus auch wieder aufzutauchen. Daraus ergibt sich eine wechselseitige, rhythmische Zurückziehung von den jeweiligen Endpunkten, dem Auf und Ab eines Kolbens im Zylinder vergleichbar. Es ist bedeutsam, daß schon in den Anfangshymnen der Upanishaden, die den Urtext der Rig-Veda erläutern, auf das Schöpfungsgeschehen als ein ständiges Zurückziehen vom jeweils Erreichten aufmerksam gemacht wird. Auf die geistige Übungstechnik angewandt bedeutet das: sich von der jeweiligen Erlebnisebene abwenden; erst von der Welt mit ihrer Bewegtheit und dann von der Stille mit ihrer Ruhe. In der Ausgewogenheit und Vermischung beider Werte liegt das Geheimnis der Ganzheit. Ein Auto würde seinen Zweck verfehlen, wenn es vollgetankt an der Zapfstelle stehen bliebe. Das ruhende Vermögen des Benzins muß in bewegte Kraft umgesetzt werden, damit das Gefährt sein Ziel erreichen kann. Bei Weltflucht entsteht oft Teilnahmslosigkeit und Antriebsschwäche. Wo Menschen nicht mehr zur Stille finden, bleibt nur das Hetzen und Jagen nach Leistung und Erfolg übrig. Der Lebensinhalt befindet sich hier an der Oberfläche, deren Unbeständigkeit für das Eigentliche des Lebens gehalten wird, während das Absolute, das ewig Ruhende, außer Betracht bleibt. Das Relative wird verabsolutiert und das Absolute relativiert. Daraus kann nur Unheil entstehen.

Das Ganzheitliche Gottes kann nur durch Menschen aufleuchten, deren Gewahrsein sich jener göttlichen Ebene geöffnet hat, die der Ursprung alles Seins ist. Die Unendlichkeit kann in der Endlichkeit gelebt werden. (Maharishi Mahesh Yogi)

Schauen wir aufs Meer, so haben wir den Eindruck unermeßlicher Weite und erhabener Ruhe, einerlei ob mit oder ohne Wellen. Wir lieben sie, sehen aber in ihnen nicht die Ganzheit des Meeres, sondern nur dessen Oberfläche. Diesem Bild vergleichbar, befindet sich unser rationales, gegenständlich-stückweises Denken im Wellenbereich der bewegten und veränderlichen Randschicht des Gesamtbewußtseins. Wer sich allein dort aufhält und festhält, darf sich nicht wundern, wenn ihn diese unsichere, wandelbare Bleibe nicht restlos befriedigt, erfüllt oder beglückt. Wie könnte das auch sein, wenn er sich nur mit Bruchstücken des Ganzen bescheidet oder umgekehrt, sich selbst als eine davon unabhängige »Größe« betrachtet, die vermeintlich alles kann, was sie will.

Kein Mensch ist etwas für sich, sondern nur ein Teil im Ganzen des Seins und Geschehens. Deshalb ist es die Ursünde des Menschen, etwas für sich sein zu wollen, sich aus dem Ganzen zu lösen und diesem, wie seinen Einzelteilen, gegenüber zu treten. (Johannes Müller)

Das Wesen der Ruhe ist Ordnung, und Ordnung ist die Grundlage aller Schöpfung. Alles Wirken und Schaffen muß aus der Ordnung der Ruhe hervorgehen und in der Bewegtheit aufrechterhalten werden. Entsteht Unordnung, dann heißt es: Rückkehr zum Ursprung, der in seiner Ruhe selbst die Höchstordnung ist. Rückkehr und Hervorgehen sind dazu unerläßliche Aktivitäten. Ruhe und Bewegtheit sind keine Gegensätze, sondern Ergänzungswerte. Wenn eine Schwingung mit ihrem ersten Einsetzen aus der Ruhe bereits den vollen Schwingungsauftrag erhält, könnte man von beschwingter Ruhe sprechen. Wenn eine Bewegtheit regelmäßig, harmonisch und beständig ist, haben wir einen ruhevollen Eindruck. Ein sich drehender Kreisel ruht in seiner Bewegung, dasselbe gilt für die Achse rollender Räder. Eine unerschütterliche Ordnung ist ebenfalls etwas Ruhendes. Alles Beständige ruht in sich. Und gibt es nicht auch Menschen, die in sich ruhen, selbst bei lebhaftester Tätigkeit? Bleiben wir nicht auch eine Zeitlang nach dem Ruhen ausgeruht, wenn wir wieder etwas tun? Wie nun, wenn dieses Wissen, diese Ruhe und Ordnung allmählich mehr und mehr in unserem Bewußtsein durch das fortwährende Schöpfen aus der Tiefe aufsteigt und den Alltag mit letztlich beständiger Frische und Freude durchdringt?

Wenn im Unendlichen dasselbe
Sich wiederholend ewig fließt,
Das tausendfältige Gewölbe
Sich kräftig ineinander schließt,
Strömt Lebenslust aus allen Dingen
Dem kleinsten wie dem größten Stern
Und alles Drängen, alles Ringen
Ist ewige Ruh in Gott dem Herrn. (Goethe)

Mit Beginn einer Schwingung, einer Bewegtheit, setzt die erste Veränderung des schwingungslosen Urzustandes ein, dessen Unbegrenztheit dadurch in der Begrenztheit erscheint. Jedes Gestaltannehmen, jede Bewegtheit ist demnach mit Eingeschränktsein verbunden. Das Raum- und Zeitlose wird an etwas Stofflich-Zeitliches gebunden. Diese

»Bindung« hat die Suchenden und Fragenden durch die Jahrtausende hindurch beschäftigt. Der Gegensatz zwischen uneingeschränktem Bewußtseinsvermögen und seiner Anwesenheit in einem begrenzten Körper verlangt nach einer Lösung. Wenn mit und durch die Gedankentätigkeit im Bewußtsein Bewegtheit entsteht, wie auf dem windstillen Spiegel eines Sees bei einsetzender Brise, dann können wir nicht mehr auf den Grund sehen. Die Frage lautet: Wie kann das Bewußtsein auch beim Wellengang der Gedanken bis zu seinem stillen Grund durchsichtig bleiben? Wie läßt sich vermeiden, daß die Ursprungsreinheit verfärbt, getrübt oder überschattet wird? Erst muß die Stille des reinen Bewußtseins entdeckt und erfahren werden, um dann den Unterschied zwischen ihrer Beschaffenheit und jener der Bewegtheit erleben zu können; denn die Stille ist das Erste, während die Bewegtheit das Zweite, also das davon Verschiedene ist.

Der in der Ruhe Eingeübte bemerkt, daß sich sein Selbst in unbewegtem Zustand befindet, während sich trotzdem gleichzeitig allerhand ohne sein Zutun »tut«. Er erkennt, daß nicht er der Urheber dieses Tuns ist, sondern die schöpferische Kraft der Natur. Das Erleben dieses Unterschiedes gilt als unerläßlich für die Selbsterkenntnis, nicht Schöpfer zu sein, sondern Geschöpf. Dieses aber kann seiner Bestimmung nur gerecht werden, wenn es im Dienst einer höheren Ordnungsmacht auf deren Anruf horcht und diesem dann gehorcht.

> Die Verankerung des Geistes in der Stille des inneren Seins ermöglicht die Erfahrung der Stille inmitten aller Tätigkeit. Er lebt dieses Ewig-stille-sein, das alle Bewegtheit der Sinne, des Geistes und des Körpers durchdringt; er spürt in der Stille das Tun und im Tun die Stille. (Maharishi Mahesh Yogi)

Dabei stellt sich heraus, daß das Vollkommene nichts von seiner Fülle und seinem Ursprungswert einzubüßen braucht, wenn es in der Aktivität »verdichtet« und auf Raum und Zeit eingeschränkt wird.

Das Selbst bleibt das Selbst, ebenso wie der Ozean, auch wenn es noch so stürmt. Das Toben an der Oberfläche kann seiner Stille im Grunde nichts anhaben.

> Beim Absinken der Aktivität geben wir nicht etwas auf, was wir sind, sondern erhalten, was wir noch nicht haben. (Maharishi Mahesh Yogi)

Der Antrieb zum Tun kommt aus dem unerschöpflichen Speicher des Selbst-Nicht-Tuns, das gleichbedeutend mit Stille ist. Das wohl mag Laotse im Auge gehabt haben, als er im Tao-te-king schrieb:

> Beim Nicht-Tun bleibt nichts ungetan.

Und stellt nicht auch Paulus das gleiche fest:

> Doch nicht ich, sondern Christus lebt in mir. (Gal. 2.20)

Schließlich sagte der Evangelist Johannes:

> Der Sohn kann nichts von sich selber tun, sondern was er sieht den Vater tun; denn was dieser tut, das tut gleicherweise auch der Sohn. (Joh. 5.19)
>
> In diesem Handeln handelt nicht der Mensch, sondern Gott selber in seinem ursprünglichen inneren Sein und Wesen ist es, der in ihm handelt und durch den der Mensch sein Werk wirket. (Goethe)

Die kürzeste Formel dafür finden wir im Vaterunser: »Dein Wille geschehe«. (Mt. 6.10) Das ist die Einheit von »menschlichem Tun und schöpferischem Geschehen«:

> Sobald das menschliche Tun zum schöpferischen Ge-

schehen wird, ist der Mensch wie neugeboren aus Gott, dem Urgrund alles Lebens. Das ist ein Naturvorgang, den wir nur dadurch kennenlernen, daß wir durch Erfahrung praktisch mit ihm vertraut werden. (Johannes Müller)

In der Bhagavad-Gita (IV.18) wird dasselbe mit folgenden Worten ausgedrückt:

Wer im Tun des Nicht-Tuns und im Nicht-Tun des Tuns inne ist, der ist ein Weiser; denn die Verbindung beider Werte bedeutet Vollkommenheit des Handelns.

Solange diese Einheit fehlt, bleibt das Tun des Menschen eigenmächtig und willkürlich, also mühsam und in seinen Ergebnissen oft unbefriedigend, während das schöpferische Leben Rhythmus, Spiel und Tanz ist. Dann ist die Freude in der Bewegung ebenso groß, wie das Glück in der Stille. Ohne Bewegung wird der Mensch leicht matt und krank.

Die Liebe ist die Verbindungskraft der schöpferischen Macht, durch welche Einheit entsteht. So ist die Folge jener Verschiedenheit vom ruhenden Selbst und tätigen Ich – mit seinen Gedanken, Gefühlen, Empfindungen und Wünschen – eine Herausforderung an die Liebe, die Einheit des äußerlich Geschiedenen herzustellen, und zwar in der Weise, daß die jeweiligen Gegenwerte nicht verwischt werden. Mit der Liebe ist das kraftvolle Strömen nach außen verbunden; denn Liebe geht stets auf das Ganze.

Die Schub- oder Zugkraft für dieses Fortschreiten verdanken wir dem Wirken der Natur, die in unseren Wünschen zum Ausdruck kommt; deshalb brauchen wir uns ihrer ebensowenig zu schämen wie des Strebens, sie zu erfüllen. Ihre Inhalte entsprechen immer dem, wie wir gerade sind; sie wandeln sich von selbst mit zunehmender Reife. Wunschlos glücklich sein heißt nicht, daß dazu erst alle Wünsche gewaltsam verdrängt oder getilgt sein müssen. Der

Erfüllte hat nichts mehr, was ihm persönlich wünschenswert erschiene. Seine Wünsche sind SEINE Wünsche, denn andernfalls würde es zu einem Stillstand kommen. Wir können uns nicht ändern, sondern nur verwandelt werden; das ist aber ein wachstümlicher Vorgang, den wir durch besserwissendes und ungeduldiges Eingreifen nur stören könnten.

Wir sollten uns das Wissen und die Kraft für unser Werden tunlich nur bei der dafür maßgeblichen Stelle verschaffen und aus der Stille schöpfen. Schritte in diese Richtung sind der einzige förderliche Beitrag dafür, daß das natürliche Geschehen selbsttätig einsetzt. Das bedeutet zunächst ein Tun mit der Zielrichtung des Nicht-Tuns, aus dem dann die schöpferische Tätigkeit aus erster Hand einsetzt. Das menschliche Tun muß durch einen Veredelungs- oder Reinigungsvorgang zum »schöpferischen Geschehen« werden, so daß es letztlich in dessen Willensschwingungen einmündet und gar nichts anderes mehr wünschen kann, als dem höheren Willen zu entsprechen.

Die gewöhnliche Tätigkeitsschwelle unseres Handelns liegt im Vergleich zum ganzen Bewußtseinsraum sehr weit »oben«. Wird diese Schwelle im Zuge regelmäßiger Übung abgesenkt, bis sie letztlich mit der Entstehungsebene aller Tätigkeiten zusammenfällt, so kann von hier aus bewußt »alles Mögliche« getan werden, weil sich dieses Tun im Einklang mit der Gesetzmäßigkeit der Evolution befindet. Schöpferische Anstöße, die von diesem Ursprungsbereich ausgehen, sind mit Kraft und Wissen aufgeladen. Sie unterstützen das Entwicklungsgeschehen mit höchster Wirkung.

Wenn das menschliche Gewahrsein durch höchstmögliche Ruhe im System den Sitz alles Wissens umfassen kann, den Ursprung aller Möglichkeiten und ihrer ordnungsgemäßen, unfehlbaren Entfaltung, dann vermag der Wahrnehmende selbst fehlerfrei zu handeln. Dann wäre der Satz: »Irren ist menschlich« ein Unsinn; denn

> die Schöpfung ist nicht auf den Irrtum hin programmiert, sondern auf die Intelligenz. (Maharishi Mahesh Yogi)

Diesen Sachverhalt mag wohl Jesus ebenfalls vor Augen gehabt haben, als er den (durch seine vorausgegangene Erklärung vom Einssein mit dem Vater) aufgebrachten Juden mit dem Hinweis:

> Ihr seid Götter und allzumal Kinder des Höchsten. (Ps. 82.6)

gemäß Joh. 10.34 klarmachen wollte, daß *die* Götter menschliche Erscheinungen und persönliche Angehörige des einen Gottes sind, die – wie er – als reine Ausführungsorgane in ihren Werken gar nichts anderes darzutun oder darzustellen vermögen als eben Gott selbst in fehlerfreier Vollkommenheit und wesenhaftem Einssein; eine Unterscheidung und gar Zerteilung von menschlichem Tun und göttlichem Schaffen wäre in diesem Falle Unglaube und Fehleinschätzung der Wirklichkeit.

Die verschiedenen Lehren beurteilen den Einfluß des neurophysiologischen Zustandes auf den Reinheitsgrad des Bewußtseins oder die Freiheitsfähigkeit des Willens nicht einheitlich. Manche gebieten ein Tun, ohne sich um die Grundlage des Tuns, nämlich den Bewußtseinszustand und seine Entsprechung in der Leibverfassung zu kümmern. Ein derartiges Tun wirkt sich nur dann vorteilhaft aus, wenn es sogleich in die Ruhe des Nicht-Tuns übergeht, um hier allein die ordnende Kraft der Natur vorherrschen zu lassen. Sobald eine Aktivität für oder gegen etwas vorsätzlich aufrechterhalten werden muß, bleibt die Stille aus, weil der Geist in der Tätigkeitsschicht des Wachzustandes und dessen Bewegtheit festgehalten wird.

Befragen wir eine der ältesten Urkunden, die sich mit der Wissenschaft schöpferischer Tätigkeit im Zusammenhang mit wachstümlicher Selbstentfaltung befaßt hat, dann finden wir in der Bhagavad-Gita nach der Übersetzung von Maharishi Mahesh Yogi im dritten Kapitel folgende Auskunft:

Nicht durch Verzicht auf's Tun
erreicht ein Mensch das Nicht-Tun,
auch verhilft ihm nicht allein
Entsagung zur Vollkommenheit.
Selbst für Augenblicke in der Tat
kann keiner frei von Tätigkeiten sein,
denn unweigerlich dazu getrieben
wird er von Kräften der Natur.
Wer da sitzt um Regungen zu unterbinden
und doch im Geiste bei Gedankendingen weilt
der betrügt sich selbst:
man sagt von ihm, er täuscht nur vor.
Wer die Sinne geistig überwacht
und – dank dem Übungsweg der Tat –
frei von Verhaftung handeln kann,
der ragt hervor, o Arjuna.

Nach Maharishi Mahesh Yogi kennzeichnet das Nicht-Tun den Grundzustand des Bewußtseins geringster Bewegtheit. Es befähigt zum unmittelbaren Inne-sein der Stille. Wenn von dieser Ebene aus Tätigkeiten entfaltet werden, dann geschieht es durchaus zielsicher durch die Regelkraft der wissenden Natur. Deshalb kann die gesamte Aufmerksamkeit dem Tun des gerade Vorliegenden gewidmet werden, ohne daß eine Gebundenheit an den Erfolg oder Mißerfolg der Handlung entsteht. Andernfalls verliert sich das Selbst im Gegenstand oder Nah-Ziel des Handelns und seine Leuchtkraft bleibt verschleiert.

Verzicht auf jegliches Tun führt zum Schlaf. »Verzicht« ohne Vorsatz ist etwas anderes: Er bringt die Erfahrung des ursprünglichen Selbst als Unbewegtes, von der Bewegtheit

Getrenntes. Dieser Sachverhalt ist einem reglosen Bildschirm vergleichbar, der mit den Vorgängen darauf bewegungsmäßig nichts zu tun hat. Die Einsicht, daß das eine Leben zwei Seiten hat – eine ewig unbewegte unveränderliche und eine ewig bewegte veränderliche –, führt zur Absage an jeglichen Versuch, die Aktivität des Lebens ausschalten zu wollen. Das EINE kann nur durch Aktivität als das Viele hervortreten. Ohne Aktivität gäbe es weder Wandel noch Fortschritt und Entwicklung. Das Selbst bliebe verdeckt.

Zum Nicht-Tun gelangt nur, wer sein Tun in den Wechselrhythmus des Lebens von sinkender und steigender Aktivität einordnet. Die entsprechende Einfügung erfolgt nicht durch Verweilen im Feld bewegter Sinne, sondern vielmehr dadurch, daß der Geist es verläßt und stille wird.

Der Hinweis, daß es in allererster Linie darauf ankommt, sich dem Ursächlichen, der Fülle zuzuwenden und sich nicht in der Randzone von Fehlwirkungen oder Mängeln aufzuhalten, geht auch aus dem Gebot Jesu hervor, am ersten nach dem Reich Gottes zu trachten. Wer mit dem Rücken zur Sonne steht, blickt in den Schatten. Er braucht sich nur umwenden, dann sieht er das Licht.

> Von allen Hemmungen, Störungen und Erkrankungen des Lebens werden wir frei, wenn wir am ersten nach dem Reich Gottes trachten. Dann kommen wir zu einer großen Ruhe, Sicherheit und Überlegenheit allem gegenüber, was uns begegnet, zu einer überquellenden Lebensfreude, zu einer jubelnden Gottesgewißheit. (Johannes Müller)

> Wenn die Wechselwirkung eintritt zwischen dem Transzendentalen in uns und dem Transzendentalen außer uns, zwischen der Seele in uns und der All-Seele, zwischen unserem Genius und den göttlichen Lebensschwingungen und Willensbewegungen – die überall hinter den Ereignissen und Ansprüchen des Lebens walten –, so wird all-

mählich durch dieses Erleben und Ausleben unsere Seele immer mehr das reine, klare Brennglas, das die verstreuten Strahlen Gottes in uns sammelt und dann mit gesammelter Kraft hinauswirft in das Leben. Das ist eine rein praktische Sache, die versucht und geübt werden will, die nur durch das Leben gewonnen wird. (Johannes Müller)

Quellen der Fehler

Wir Menschen haben eine unvergleichliche Gabe und Aufgabe durch den Freiheitsspielraum unseres Willens: Wir können uns für oder gegen etwas entscheiden. Wir können uns an der Natur, uns selbst oder auch anderen versündigen, merken aber an den unvermeidlichen Folgen, daß wir uns vergangen haben. Ein Zurückgehen auf die rechte Bahn ist dann Sache unserer Entscheidungsfreiheit. Wir können neue Ketten für Ursachen und deren Wirkungen setzen, wenn wir Pflanzen und Tiere züchten, Kunststoffe herstellen, Verletzte behandeln, die Umwelt verändern und unsere Geschichte einzeln oder gemeinsam beenden.

Wir können aber nicht die Naturgesetze abschaffen. Der Erfolg unseres Handelns hängt davon ab, inwieweit es im Einklang mit der großen Ordnung steht. Verfahren wir willkürlich – in dem Irrtum, alles rücksichtslos tun und lassen zu können was uns beliebt –, dann geraten wir aus dem Zusammenhang, der uns trägt und werden gebunden an die Folgen, die daraus entstehen.

> Frei ist nicht, wer tun kann was er will, sondern wer werden kann, was er soll. (Paul de Lagarde)

Als nur Teil sind wir nicht das Ganze. Das Ganze ist mehr als die Summe aller Teile; deshalb ist es wesentlich, dienend sich einzuordnen, weil andernfalls der Teil im Gesamtgefüge weder seiner Aufgabe gerecht werden, noch zu seiner Erfüllung im Ganzen gelangen kann. Auch der Teil ist mehr als seine Erscheinung; denn dieses Mehr verleiht ihm Sein und Sinn. Es ist die Ganz-heit auch des Teils.

Immer strebe zum Ganzen!
Und kannst Du selber kein Ganzes
werden, als dienendes Glied
schließ an ein Ganzes dich an! (Schiller)

Wer etwas Besonderes vorstellen will,
wird nie etwas Ganzes werden. (Johannes Müller)

Der Zwiespalt zwischen persönlicher Freiheit und Rücksichtnahme auf die Belange der Gemeinschaft löst sich dann auf, wenn das Gewahrsein dem harmonischen Ursprung geöffnet ist, der sinnvoll alle Verschiedenheiten in einem ganzheitlichen Ordnungsgefüge zusammenfaßt. Hierbei überschreitet der Geist die Begrenztheit des Ich-Horizontes und erreicht den uneingeschränkten Zustand, in dem alles umfaßt und eingeordnet werden kann. Was durch Zwang nur äußerlich und unzulänglich möglich ist, findet hier seine Erfüllung durch die Wirksamkeit des Schöpferischen. Auf einer Wiese besteht wunderbare Mannigfaltigkeit der Blumen und Gräser. Alle sind durch einen Boden und dasselbe Wasser verbunden, dem sie ihr Leben verdanken. Dadurch herrscht Harmonie zwischen dem einzelnen und vielen.

Mit der Entscheidungsfreiheit ist das Risiko verbunden, Fehler zu begehen, wovon die Menschheit mehr Gebrauch gemacht zu haben scheint, als es die Entwicklung des folgerichtigen Verstandesdenken hätte erwarten lassen.

> Die Wissenschaften vom Ungelebten haben ihnen mit ihrer Schönheit die Augen geblendet. Sie haben nicht begriffen, daß ihr Körper und ihr Bewußtsein gleichfalls Naturgesetzen unterworfen sind: viel geheimer, aber ebenso unerbittlich wie die Gesetze der Sternenwelt. Sie haben nicht begriffen, daß sie diese Gesetze nicht ungestraft verletzen dürfen. Was sie lernen müssen, ist das strenge Zueinander-Inbezugstehen des kosmischen Universums,

der Mitmenschen und des inneren Ich, aber auch des Leiblichen und Geistigen.
Es bleibt dabei: Der Mensch ist der Gipfel des Geschaffenen. Verkommt er, dann vergeht die Schönheit der Kultur, dann schwindet das Erhabene aus der natürlichen Welt. Es gilt, den vom modernen Leben geschwächten und genormten Menschen in der Fülle seiner Persönlichkeit wiederherzustellen. (Alexis Carrel)

Die Freiheit bezieht sich zunächst nicht auf die bewegte, wandelbare Seite unseres Menschseins, auf unser Ich, sondern auf die unbewegte, ewige unseres Selbst. Niemand kann sich freimachen, sondern er kann nur freiwerden dadurch, daß er zur Grundlage seines Lebens, dem uneingeschränkten Bewußtsein zurückkehrt. Wenn der Geist alle bewegten Stadien seines Denkens, Fühlens, Wollens und Wünschens mit sinkender Aktivität hinter sich läßt, hat auch die Herrschaft des Ich aufgehört. Was im Schlaf allnächtlich mühelos von selbst geschieht, ist am Tag mit aller Gewalt nicht zu erreichen. Vergeblich haben sich Menschen und Organisationen durch die Jahrhunderte bemüht, die Ichsucht und die Ichbezogenheit auszurotten. Wenn in ruhevoller, innerer Wachheit erfahren wird, wie das Ich als der vermeintliche Widersacher ganz unwillkürlich im Dienst eines Höheren buchstäblich aufgeht, sich vom Herrn zum Diener wandelt, und – nach geduldiger Eingewöhnung durch regelmäßige Wiederholung – dies auch schließlich bleibt, dann erkennen wir die Weise der Natur, zu wirken. Auch das tätige Ich wünscht dann frei-willig nichts anderes mehr, als das dem Entwicklungsgeschehen Förderliche zu tun. Hier ist jener Willenseinklang zustandegekommen, der im Vaterunser als das alleinige Geschehen seines Willens bezeichnet wird.

Nicht das macht frei, daß wir über uns nichts anerkennen wollen, sondern eben, daß wir etwas verehren, das über uns ist. Denn indem wir es verehren, heben wir uns zu ihm hinauf und legen durch unsere Anerkennung an den Tag, daß wir selbst das Höhere in uns tragen und wert sind, seinesgleichen zu sein. (Goethe)

Freiheit gibt es nur im Dienst und Einklang mit der Evolution und ihren Naturgesetzen. Die Freiheit besteht in der Disziplin, sich der Ordnung ein- und unterzuordnen. Nur dadurch kommt es zur Erfüllung. (Maharishi Mahesh Yogi)

Solange unser Bewußtsein nicht rein ist, kann unser Wille auch nicht frei sein. Wir sind dann auf Außenhilfen und Einschränkungen angewiesen, in Gestalt von Geboten, Verboten, Vorschriften, Vorstellungen und Vorgesetzten. Das alles ist aber nur ein »Vor«, das dem Dahinterliegenden, dem unmittelbaren Gewahrsein, Wissen und Vermögen vorgelagert ist.

Solange wir nicht frei sind, gehören wir unter das Gesetz, bedürfen wir seiner Krücken. (Johannes Müller)

Das menschliche Gesetz ist solange als Stellvertreter der Naturgesetzlichkeit im mitmenschlichen Leben erforderlich, bis diese durch eine verfeinerte Empfangsantenne des Menschen uneingeschränkt wahrgenommen und unwillkürlich erfüllt wird.

Je größer der Zeitabstand zwischen dem Aufspüren ewiger Wahrheit und ihrem Weitergeben wird, desto mehr wächst die Gefahr, daß sie verfälscht wird. Um die Reinheit des Lehrens zu gewährleisten, bedarf es einer Niederschrift, deren Text dann zu einer verbindlichen Vorschrift wird. Damit sie bewahrt und bewacht wird, muß ein Wächter- und Ordensstand geschaffen werden, der seinerseits strengen Regeln unterworfen ist: Das Mönchtum. In der Überlieferung können dann leicht die mönchischen Gesichtspunkte und Belange in den Vordergrund treten, wozu auch die Abkehr von der Welt und ihrem geschäftigen Erwerbsleben gehört. Das fürs Mönchsleben Zweckmäßige erwies sich für die Allgemeinheit als weniger nützlich, wie die Geschichte gezeigt hat. Nach den Schriften soll es im Schöpfungsplan sowohl für Einsiedler als auch für Erwerbstätige einen Weg zur Erfüllung geben, wenn die getrennten Lebensbahnen dabei auseinandergehalten werden und keinem des anderen Weise aufgenötigt wird. Das beiden Gemeinsame ist das reine Gewahrsein des Selbst-Seins, während der Unterschied auf der beruflichen Ebene zu sehen ist.

Wo das Ich als Feind des Selbst galt und die Aktivität nicht als Förderer, sondern als Hindernis der Freiheit angesehen wurde, mußte das Ich als Sündenbock für alle Mängel herhalten. Seine Wünsche, Sinne, Triebe und Gewohnheiten wurden trotz ihes Anwesenheitsrechtes auf der betreffenden Stufe rücksichtslos unter Zwangsaufsicht gestellt, wobei als Aufsichtshabender allein wieder das Ich in Frage kam. Als selbstgefälliger Sieger triumphierte es dann über sich selbst. Was sich Menschen an Verzicht, Erschwernis, Buße, Selbsterniedrigung und Lebensverneinung auferlegt haben, um die Glückseligkeit zu gewinnen, spricht nicht nur für die überwältigende Anziehungskraft dieses Menschheitszieles, sondern auch für das hohe Maß an Entschlossenheit, Härte, Ausdauer und Leidensfähigkeit der Glück und Erleuchtung suchenden Asketen. Das jedenfalls geht aus den dramatischen Leidensberichten jener hervor, die ihr Ich oder ihre leibliche Natur niederzwingen wollten. Nur wenigen Großen war es vergönnt, auf diese harte Weise ihre Erfüllung zu finden. Für andere aber scheint dieses Verfahren mehr in das Leiden hinein, statt herausgeführt zu haben.

Maharishi Mahesh Yogi hält von alldem nicht sehr viel, denn er sagt: »Versuche nicht Wünsche, Begehren, Sinne und deren Sitz, das Ich, zu unterdrücken, nur weil du in ihnen die Tätigkeitserzeuger siehst, die das Selbst verdekken. Gehe den natürlichen Weg der Verfeinerung durch Absenkung der Aktivität bis zu einem Punkt, wo die ordnende Wirkung der über allem stehenden Intelligenz am wenigsten gestört ist. Sie wird das Durcheinander deiner Wünsche in geordnete Bahnen lenken, die in den Zustand der Erleuchtung einmünden. Allein dieser Intelligenz und nicht etwa deinem Ich sind alle Sinne untertan. Du kannst nicht gegen, sondern nur mit der Natur etwas erreichen. Kämpfe also nicht gegen die Sinne an, weil du dadurch nur deinen Geist in ihre Unruhe verstrickst. Unruhe läßt sich nicht durch Unruhe überwinden. Wirke durch einen anderen Wert ein, begib dich auf einen neuen Boden. Von hier aus wirst du sehen, wie relativ auch alle Nöte, Lasten und Leiden in Wirklichkeit sind.«

> Wenn du auf ein bestimmtes Lebenselement einwirken willst, beeinflusse es unmittelbar durch ein zweites Element. Die Dunkleheit verschwindet durch Licht. Lasse den Geist in den Glücksbereich gelangen, damit er vom Leiden frei wird. (Maharishi Mahesh Yogi)

Kontrolle, Zwang und Härte sind dem Wesen des fortschreitenden Wachsens und Werdens in der Natur entgegengesetzt, weil mit Einengung, Feststellen und Anhalten verbunden. Außerdem geht es nicht ohne willkürliches Anspannen und Anstrengen. Wenn wir aber ohnehin schon verspannt und überanstrengt sind, wäre eine Entlastung und Lösung das Näherliegende. Die gegen sich selbst Wütenden können wahrhaftig nicht glücklich gepriesen werden, jedenfalls nicht durch Jesus, denn von Gewalt hielt er nichts und von Lieblosigkeit noch weniger.

> Selig sind die Barmherzigen, denn sie werden Barmherzigkeit erlangen. (Mt. 5.7)

Wie sehr er für das Liebevolle war – auch dem eigenen Ich gegenüber – geht aus den folgenden Sätzen hervor:

Ich aber sage euch, daß ihr nicht widerstreben sollt dem Übel. (Mt. 5.39)

Du sollst deinen Nächsten lieben wie dich selbst. (Mt. 19.29)

Martin Buber hat in der Übersetzung ergänzt: denn er ist wie du. Bei Balthasar Staehelin heißt es sinngemäß: ich bin auch du. Wenn der Erlebniswert von Sein Liebe ist, dann läßt sich an der Liebe ablesen, inwieweit der Mensch seinsbewußt er selbst *ist*. Das Liebevolle, als das andere Element der Einwirkung, wird noch deutlicher im Gebot betont, sogar das Gegensätzliche mit einzubeziehen:

Ich aber sage euch, liebet eure Feinde. (Mt. 5.44)

Dieses zunächst sinnwidrig und unmöglich erscheinende Ansinnen erhält ein anderes Gesicht, wenn wir es folgendermaßen betrachten: Jeder Mensch ist von ein und derselben Lebenskraft durchdrungen, der er sein Dasein und sein Werden verdankt. Wenn ein verfeinertes Schauen ihm erlaubt, dieses Sein mit dem eigenen Selbst als eins zu erkennen, könnte er auch sagen, dieses Sein bin ich. Weil dasselbe Sein auch den anderen, ja sogar den Feind belebt, kann er das Sein und das Selbstsein auch dort erkennen. Wie sollte er gegen etwas sein, das er selbst *ist*? Wo ist der Unterschied zwischen dem eigenen Selbst und dem anderen Selbst, wenn beide eins im gleichen Sein sind? Es ist nur eine Frage der Bewußtseinsentschleierung.

Wo das Hauptaugenmerk auf dem Wörtlichen und der Form liegt, entsteht die Gefahr, daß das inhaltlich Unsagbare zum Gegenstand des Denkens gemacht wird und kein unmittelbares Erleben des Ursprünglichen mehr möglich ist. Das Selbstbewußtsein ist aber kein Gegenstand und kann deshalb weder von Gedanken noch von Gefühlen vergegenständlicht werden. Maharishi Mahesh Yogi sagt dazu:

> Jeder Versuch, das Sein ins Bewußtsein zu heben, ohne den wahrnehmenden Geist auf die Ebene des transzendentalen (reinen) Seins gelangen zu lassen, veranlaßt lediglich den Geist zum Nachdenken über das Sein. Die einzig ausreichende Grundlage des Lebens ist das Sein selbst.

Es ist bezeichnend, daß Jesus mehrfach vor den Schriftgelehrten und ihrer Selbstgerechtigkeit gewarnt hat:

> Ich aber sage euch: Es sei denn eure Gerechtigkeit besser als der Schriftgelehrten und Pharisäer, so werdet ihr nicht in das Himmelreich kommen. (Mt. 5.20)

Menschen befinden sich nicht nur innerhalb der Zeitalter, sondern auch während ihrer Altersabschnitte auf verschiedenen Reifestufen. Was und wie ein jeder mit seiner derzeitigen Sehschärfe sieht, ist für ihn wahr, während ein anderer etwas anderes »wahr«-nimmt. Beide haben von ihrem Standpunkt aus recht. Wer urteilt, könnte leicht verur-teilen. Teilen aber heißt ein Ganzes entzweien, zu dem man selbst auch gehört.

Die Lehren wurden überall dort mißverstanden, wo das Bewußtseinsgefälle zwischen Lehrer und Schüler außer Betracht blieb. Nicht von ungefähr mußte soviel erläutert und ausgelegt werden. Nicht immer hat das den Schülern eine größere Klarheit und Übersicht beschert. Entscheidend für das rechte Verständnis der Auskünfte ist die Kenntnis, für wen, wann und wozu diese erteilt worden sind und vor allem, wo man selber steht. Andernfalls besteht die Gefahr, daß man sich auf einer Stufe wähnt, die man noch gar nicht einnehmen kann. Es wäre verfehlt, die entsprechenden

Hinweise als Gebote zu betrachten, als ob durch moralische Klimmzüge Menschenunmögliches erreicht werden könnte. Oft handelt es sich bei den Angaben nur um Richtmarken, an denen abgelesen werden kann, wo man sich reifemäßig befindet.

Es ist ein Fehler, das Verhalten eines verwirklichten Menschen nachzuahmen, während man selbst auf einer unentwickelten Stufe steht. Das kann nur zu Verspannungen führen. Jedes Bestreben, durch Denken einen bestimmten Lebenswert zu verwirklichen, ist zum Scheitern verurteilt. Höchstes Bewußtsein wird nicht gedacht, sondern gelebt. (Maharishi Mahesh Yogi)

Stets ist es ratsam, unmittelbar an der Quelle aller Weisheit zu schöpfen. In der Stille erhalten wir die Auskünfte, die dem entsprechen, was uns derzeit zukommt und zuträglich ist. Wenn die unmittelbare Verbindung zu diesem Wissensgrund unterbrochen ist, müssen wir eigenmächtig nach unserem Intellekt handeln. Dieser aber ist seiner Natur nach bewegt und bedingt, also eingeschränkt. Er kann nur hinsichtlich der bewegten Seite Meinungen erzeugen, Vorsätze bilden, Ziele stecken, Entscheidungen treffen und sich um Erfolg bemühen. Der Erfolg – als Folge von etwas Ursächlichem – ist nicht das Erste, sondern Zweite. Soll es zu einem fruchtbaren Handeln kommen, dann muß die Grundlage allen Handelns verfügbar werden. Maharishi Mahesh Yogi veranschaulicht das mit dem Bild vom Gärtner, der nie auf den Gedanken käme, die welken Blätter eines Baumes einzeln zu behandeln; er gießt ihn selbstverständlich insgesamt. Aus dem feuchten Boden steigt das entbehrte Wasser in den Wurzeln auf und erfrischt dann alle Blätter zugleich. Ein fortschrittlicher Arzt behandelt nicht allein das Merkmal der Krankheit, sondern kümmert sich um deren Ursache.

Durch die Mängel der Überlieferung ist es zu dem Irrtum

gekommen, daß vom Feld der Wirkungen aus, also durch körperliche oder moralische Anstrengungen, der Ursprungsbereich so beeinflußt werden könnte, daß die innere Befreiung eintritt. Sittlich leben und frei sein sind jedoch nur Folgen eines von jenen Fremdeinflüssen freigewordenen Bewußtseins, die nicht zur Natur des Selbst gehören. Das aber kann nicht erlesen, erdacht, eingeredet oder eingebildet, geschweige denn herbeigezwungen werden. Es tritt nur im Zuge regelmäßiger Stille und der damit verbundenen Wirksamkeit heilender, ordnender, reinigender Schöpfungskräfte ein. Nicht das Abmühen, die Anstrengung, sondern das Natürliche, Mühelose, Leichte ist hierbei das Wesentliche.

> Wir wissen nicht, wer Konzentration und Entsagung verlangt hat, um zur Erleuchtung zu gelangen. Jedenfalls wußte er nicht, wovon er eigentlich spricht. Wer immer es auch gewesen sein mag – selbst wenn vom Herrgott im Himmel die Rede war –, würden wir sagen: bitte hör' auf und laß' uns die Stimme der Erde vernehmen! (Maharishi Mahesh Yogi)

Maharishi Mahesh Yogi ist sich darüber im klaren, daß er damit im Gegensatz zu dem steht, was als *die* indische Philosophie ausgegeben oder dafür gehalten wird. In Indien gibt es ähnlich viele Irrtümer, widersprüchliche Schulen, Lehren und Verständnisse des einzig Wahren wie im christlichen Raum. Weder dort noch hier gibt es *die* Einheitsformel für die Vielfalt, welche der schöpferische Ausdruck des einen Absoluten ist.

Nach Maharishi Mahesh Yogi ist das Unglück Indiens auf das Mißverständnis des Wissens von der Einheit zurückzuführen. Statt diese Einheit praktisch erfahren zu lassen, wurde sie theoretisch gelehrt oder sich eingebildet. Der Grundirrtum bestand in der Meinung, daß durch Verneinung alles Zweiten – der Welt – schließlich nur noch das Eine, Erste übrigbleibt. Die Welt wurde abgewertet und das Leben in zwei ungleiche Hälften von Gut und Böse zerteilt. Wie aber soll Ganzheit anders als durch Bejahung entstehen? Fülle ist nicht durch Einschränken, sondern nur durch Ausweiten erreichbar. Der Ursprung wird nicht durch eine Lehre oder einen Vorsatz, sondern durch inneres Erleben und Selbstsein er-kennbar.

Wünsche, Gedanken, Erinnerungen gehören gesetzmäßig in den Bereich des Bewegten, Veränderlichen, Zeitlichen und Bedingten. Wie aber soll das Unbedingte durch ungeeignete Mittel eingefangen und verfestigt werden können, ohne seines Wesens verlustig zu gehen? Die Zielannäherung kann nicht durch ein Stehenbleiben beim Ausgedachten und Vergangenen erfolgen, sondern im Fort-schreiten davon, um zum eigenen, unmittelbaren Erleben des ewig Frischen, Neuen zu kommen.

Die armselige, unbefriedigende und leidvolle Weise, mit der wir Menschen im allgemeinen unser Leben fristen – befristet auf den begrenzten Zeitraum zwischen Geburt und Tod –, verdeckt und verfälscht die wahre Natur des Lebens, uneingeschränkte Freude und deren Steigerung bis zur Überfülle des Glücks zu sein. Übereinstimmend sagen das die Urkunden der Menschheit, bewahrheitet durch viele Kenner, die von kleinen und »Großen Erfahrungen« in allen Jahrhunderten berichtet haben.

Die heiligen Schriften werden in verschiedenen Kulturen verehrt als der urtextliche Selbstausdruck der Wahrheit durch begnadete Weise. An ihrem Wahrheitsgehalt wird umso weniger gezweifelt, als ihre Aussagen durch persönliches Erleben im Wandel der Zeiten immer wieder bestätigt worden sind. Während sich das relative Wissen hinsichtlich der stofflichen Welt lawinenartig ausbreitet und laufend neue Erkenntnisse gewonnen werden – wobei sich manche nur als Durchgangsirrtümer erweisen –, ist zum Wahrheitsgehalt der Urkunden nichts wesentlich Neues hinzugekommen. Das spricht dafür, daß es sich wirklich um Wahres und Endgültiges handelt; denn wahr kann nur sein, was morgen auch noch wahr ist. Selbst die größten Meister bekannten stets, daß nicht sie es waren, die die Wahrheit erzeugt haben, sondern daß sie nur in Demut und Bescheidenheit von dem zeugten, was schon immer war.

Wahrheit ist das Wesen und der Sinn aller Erscheinungen und Vorgänge und damit die Grundlage jeglicher Erkenntnis. Als solches innerste Sein ist sie etwas Verborgenes, das nicht durch geistige Tätigkeit ausgebrütet werden kann. Nur durch Leben kann sie zur Entfaltung kommen und damit zur Erfahrung werden. (Johannes Müller)

Vom Geheimnis der Mühelosigkeit

Die Auskünfte der Wissenden deuten darauf hin, daß die Richtung des Lebens auf vollkommene Glückseligkeit abzielt. Dies würde auch durch unser eigenes Hoffen, Sehnen, Trachten bestätigt werden können. Dem allerdings scheint die Alltagswirklichkeit zu widersprechen; denn hier steht nicht die Glückseligkeit, sondern das Leiden im Vordergrund. Auch der Arzt hat es mit Leiden zu tun, doch betrachtet er die Krankheit nur als eine Verhinderung der Gesundheit. Er will den Gesundheitszustand wieder herstellen, der als das Eigentliche nur vom Kranksein überdeckt worden ist. Andernfalls wäre all sein Bemühen zur Erfolglosigkeit verurteilt. Balthasar Staehelin geht davon aus, daß das ursprüngliche Wesen des Menschen, sein Unbedingtes oder seine Wahrheit, nicht krank ist. Das Sein, das Göttliche, das Schöpferische, die Fülle kann nicht mangelhaft sein. Die Umwandlung der elektrischen Kraft in Licht oder Wärme kann zwar durch ein schadhaftes Gerät beeinträchtigt werden, der Strom selbst aber ist nie fehlerhaft. Die Aufwertung des Leidens durch die Leidenswilligen ändert nichts an deren Streben, so rasch wie möglich leidensfrei zu werden, vom Mangel zur Fülle zu gelangen, wie es dem Urdrang des Lebens entspricht.

Wenn Liebe oder Glücklich-sein unsere Natur ist, warum wird es als schwer, mühsam, anstrengend und kompliziert betrachtet, Mensch, also glücklich zu sein? Für Maharishi Mahesh Yogi bestand kein Zweifel daran, daß eine Wahrheit im Laufe der Zeit umso ver-kehrter überliefert wird, als der Abstand vom Erfahrungsboden, als Prüfstand des Lehrgutes zunimmt. Der Anblick des Leidens unter den Menschen – die ihr Sein verfehlen, weil sie das Leben nicht als eine hoheitsvolle Selbstentfaltung der schöpferischen Ordnungsmacht erkennen – ließ ihm keine Ruhe. Er forschte in den Schriften, bis er in der Bhagavad-Gita, der Verdichtung vedischer Weisheit durch den Seher Vyassa, jene Stelle fand, deren Mißverständnis er für die Ursache des Verhängnisses hielt. Es handelt sich um denselben Schlüssel zum Lebendigen, der in dem Kernsatz Laotses steckt: »Beim Nicht-Tun bleibt nichts ungetan«. Genau dem entsprechen wichtige Worte Jesu:

> Das Reich Gottes hat sich also, als wenn ein Mensch Samen aufs Land wirft und schläft und steht auf Nacht und Tag; (*Nicht-Tun, Rhythmus, Reihenfolge!*) und der Same geht auf und wächst, daß er's nicht weiß. Denn die Erde bringt *von selbst* (*der Mensch tut nichts dazu!*) zum ersten das Gras, darnach die Ähren, darnach den Weizen. Wenn sie aber die Frucht gebracht hat, so schickt er bald die Sichel hin; denn die Ernte ist da. (Mk. 4.26 ff)

> Es sei denn, daß ihr euch umkehret und *werdet* wie die Kinder, so werdet ihr nicht ins Himmelreich kommen. (Mt. 18.33)

Die Voraussetzung für die Verwirklichung der himmlischen Verfassung des Menschen ist nach Jesus das schöpferische Werden oder Wachsen. Es ist die einzig natürliche und daher erfolgreiche Weise, zum Ziel der eigenen Bestimmung zu gelangen. Es ist der Weg der Mühelosigkeit, – oder mühen sich Kinder ab, wenn sie wachsen?

Es ist das Eigentümliche, daß das Geschehen von Gott aus unmöglich wird, sobald es irgendwie von uns aus gemacht werden soll.

Man hat nun zwei Jahrtausende der Unfruchtbarkeit allen Bemühens hinter sich und begreift noch immer nicht, daß man sich auf einem falschen Pfad befindet. (Johannes Müller)

Wo sich der Mensch auf den Pfad der Eigenmächtigkeit begibt, muß er sich abseits des Ursächlichen abmühen, wähnend, eine der schöpferischen Wissensmacht übergeordnete Kenntnis und Fähigkeit zu besitzen. Ein Blick in die Natur bestätigt, daß sich hier mit geringstem Aufwand auf kürzestem Weg der höchstmögliche Erfolg auf schöpferische Weise von selbst einstellt. Schon die leiseste Willkür des Menschen stört ihr sinnvolles Walten. Abrichten und Einschnüren sind demgegenüber menschliches Stückwerk. Das Wesen schöpferischer Wirksamkeit besteht darin, daß sie aus sich selbst und *von selbst* geschieht: ohne menschliches Machen und Abmühen. Das Kennzeichen dieses Geschehens ist die Mühelosigkeit, die Nicht-Anstrengung.

Ein Narr ist viel bemüht;
des Weisen ganzes Tun,
das zehnmal edler ist,
ist lieben, schauen, ruhn. (Angelus Silesius)

Die erwähnte Fundstelle von Maharishi Mahesh Yogi in der Bhagavad-Gita drückt das Grundgesetz des schöpferischen Lebens in zwei Grund-Sätzen aus:

1. *Sei* ohne die drei Gunas. (II.45)

Das *eine* schöpferische Walten und Wirken in der Natur fächert sich in die *drei* sogenannten Gunas auf, worunter die unterschiedlich gerichteten Kräfte von Aufbau und Abbau verstanden werden, sowie ein dritter Faktor, der für den harmonischen Ausgleich der Polarität zu sorgen hat. Die drei Gunas sind unabhängig von vorsätzlichen Zu-taten des strebend-sich bemühenden Menschen. Um dieses Sachverhalts gewahr werden zu können, muß man nicht nur da sein, sondern das auch noch merken können. Ohne die drei Gunas zu sein, bedeutet also *nur* zu sein, wobei es sich für einen wachen Menschen allein um sein eigenes Selbst-Sein in Bewußtheit handeln kann, abseits bewegter Vielfalt.

Ohne Aktivität zu sein, ist Nicht-Tun, weil nichts von uns aus getan werden muß. Dies ist der Zustand »geringster Anregung«. Wenn dann die schöpferische Bewegtheit selbsttätig einsetzt, ist dies für uns mit keiner Mühe verbunden. Deshalb wird eine schöpferische Tätigkeit als leicht, erfreulich und belebend empfunden.

Ohne die vorerwähnte Aktivität zu sein, wird für die Selbstfindung als unerläßlich angesehen. Das aber scheint nur im Stillezustand des Bewußtseins möglich zu sein, weil hier Ordnung herrscht und die Verhaftung an das Relative aufgehoben, die Gegensatzspannung von Herz und Verstand, Gut und Böse, Recht und Unrecht, Ich und Du aufgelöst ist. Hier befindet sich die Lebensquelle von Kraft, Wissenheit, Harmonie, Ordnung, Frieden, Liebe, Glück. Hier ist die Ursache aller Gesetze und Wirkungen. Wollen wir diese Glückswerte aus der Tiefe heben, dann müssen wir erst dorthin gehen.

Das Nicht-Tun mit passiver Untätigkeit zu verwechseln wäre verfehlt. Ebenso irrtümlich wäre die Meinung, daß durch Untätigkeit die Verhaftung an die Welt aufgehoben werden könnte. Es geht in diesem Zusammenhang auch nicht um Aktivität oder Passivität, sondern um die Mühelosigkeit des schöpferischen Handelns nach vorausgegangener schöpferischer Pause, alles im Dienst der Befreiung des Selbst zu sich selbst durch sich selbst.

Der unverzichtbare Ergänzungswert der Aktivität zur Ruhe geht aus dem anderen Grundsatz der Bhagavad-Gita hervor, dem Maharishi Mahesh Yogi entscheidende Bedeutung beimißt:

2. Gefestigt im Yoga geh' hin und handle. (II.48)

Yoga heißt soviel wie: Bewußtsein der Einheit von Ruhe und Bewegung, Absolutem und Relativem, Unbegrenztem und Begrenztem, Unbedingtem und Bedingtem – das Ziel aller östlichen Übungswege. Dabei handelt es sich um jenes Vollbewußtsein, in dem während des Handelns das Reine Gewahrsein des Selbst nicht mehr entschwindet. Dieser Zustand höchster Geordnetheit ist die unvermittelte Dauerverbindung des Bewußtseins mit der »Quelle alles Wissens« (Maharishi Mahesh Yogi), der kosmischen Gesetzmacht. Durch die geöffneten Wahrnehmungsbahnen dringt ihre Wissenheit und Kraft in den Bewußtseinsraum ein und bewirkt das rechte und daher auch erfolgreiche Handeln. Die Regieführung liegt hier in Händen einer höheren Instanz und nicht mehr beim Ich. Aus diesem Sachverhalt mag ersichtlich werden, daß es bei der indischen Weisheit nicht um die vermeintliche Passivität, auch nicht um den Rückfall der Person in vorgeschichtliche Dumpfheit geht, sondern vielmehr um das Selbst als dem Fundament der ganzen Persönlichkeit. Das Ich wird keineswegs ausgelöscht, sondern befähigt, Träger, Werkzeug und Diener des Höchsten zu sein. Durch den Gedanken an sein Verlöschen wäre das von der Natur Gesetzte ohnehin nicht aufzuheben. Es mag sein, daß es Techniken und Drogen gibt, die der Persönlichkeitsstruktur eines Menschen abträglich sind und diese natur- und bestimmungswidrig verfälschen. Es wäre aber Unwissenheit, solche Abwege für maßgeblich zu halten.

Die Liebe ist ein uns vertrautes Beispiel dafür, was unter schöpferischer Wirksamkeit zu verstehen ist: Wir können die Liebe weder willkürlich herbeirufen noch wegschicken, geschweige denn in das Stückwerk vernünftelnder Gedanken einzwängen.

Ein Mensch kann sich nichts nehmen,
es werde ihm denn gegeben. (Joh. 3.27)

Die Schwingungen der Liebe empfinden wir als etwas Ursprüngliches und Übermächtiges. Was sie uns vermittelt, geht weit über den Wert alles Ausdenkbaren hinaus. Wer von ihr ergriffen wird, sieht sich in höchste Aktivität versetzt. Trotz ihrer vermeintlichen Blindheit ist die Liebe wissend: Sie strebt unbeirrt dem Vollkommenen der Einheit zu, ohne sich von dem abhalten zu lassen, das abseits liegt oder weniger als das Vollkommene ist. Das erfordert die volle Aufmerksamkeit und ganze Teilnahme des von ihr Bewegten. Er kann dabei nicht passiv bleiben.

Weitere Erlebnisbeispiele dieser Wirksamkeit liefert das Schaffen eines Künstlers, der sich als Zeuge und Werkzeug empfindet, durchströmt von ungeahnten Schaffenskräften, denen er sich nur in Demut ergeben kann. Er erlebt dann jene glücklichen Stunden, da durch ihn etwas Höheres wirkt, das er selbst nicht erzeugen, sondern nur bezeugen kann. Er braucht sich dabei nicht anstrengen und bemühen, denn es geht wie »von selbst«; er merkt nur, daß etwas Erstaunliches geschieht. Auch der Tanz ist beispielhaft, wenn die Musik den Tänzer unwillkürlich in Bewegtheit versetzt. Je mehr er sich dabei absichtslos dem Inbild des Vollkommenen nähert, umso beglückender und erfüllender ist für ihn das Geschehen, dem er nur als williges Ausdrucksmittel dient. Was ihn aber beglückt ist nicht der Tanz, sondern die Freude selbst: sein Selbsterlebnis.

> Ich würde nur an einen Gott glauben, der zu tanzen verstünde. –
> Jetzt bin ich leicht, jetzt fliege ich,
> Jetzt sehe ich mich unter mir,
> Jetzt tanzt Gott durch mich! (Friedrich Nietzsche)

Die Mühelosigkeit besteht im geschickten Ausnützen des Wechselspiels von ruhender Schwerkraft und bewegender Spannkraft mit dem Ergebnis eines geschmeidigen Federns, das durch Nicht-Tun zur höchsten Leistung befähigt. Wer sich der rhythmischen Schwingung bedient, kann auch Schweres spielend bewegen. Unter dem Gleichschritt einer Marschkolonne kann eine Brücke mühelos einstürzen.

Der Gipfel der Mühelosigkeit ist im nachstehenden Wort erreicht, über das hinaus nichts mehr zu wünschen übrigbleibt:

> Wenn er alles Denken und Analysieren, alles Konzentrieren und Meditieren zusammen mit seinem Herzen dem Überweltlichen zu Füßen legt – im Verzicht auf jedes »Wollen«, jedes »Ziel«, jeden »Weg« –, dann hat er in diesem Akt der »Auslieferung« auch auf den »Sucher« verzichtet, hinter dem sich das individuelle »Ich« so gern versteckt und nicht so leicht entdeckt werden kann. (Satyamayi)

Wenn das Kennzeichen schöpferischen Wirkens die Mühelosigkeit ist, dann wäre ihr Gegenteil: sich vorsätzlich anstrengen und anspannen oder überfordern und abmühen durch zweckbetonte Konzentration, Gedankendisziplin und Willensleistung. Wie auch sollte Ruhe durch anstrengendes Tun eintreten können, es sei denn durch Erschöpfung? In ihr aber ist der Geist ebenfalls ermattet und so dumpf, daß er zu einem klaren Selbst-Gewahrwerden außerstande ist.

Dort, wo die Mühelosigkeit im Bereich des Ursächlichen gewährleistet bleibt, wo der Mensch »gefestigt in Yoga« *ist*, da soll er handeln. Jedem Handeln geht ein Gedanke voraus. Auf der Yoga-Ebene des Einheitsbewußtseins ist ein Gedanke schöpferisch, weil sich hier der Mensch selbst in Einheit mit dem Schöpfer und dessen Gesetzmäßigkeit befindet. Mit einem derart schöpfungsgemäßen Gedanken nächst dem kreativen Grund alles Möglichen kann der Mensch das Gedachte wirklich hervorrufen.

Was ist Meditation?

Es heißt, daß Meditation so alt sei, wie das bewußte menschliche Denken und Sprechen. Die Sprachforschung allerdings kann erst dort einsetzen, wo Menschen zu schreiben begonnen haben. In den Nachschlagwerken finden wir unter dem Stichwort Meditation: Nachdenken, sinnende Betrachtung, bewußt seine Gedanken um etwas Vorgestelltes oder Gedachtes kreisen zu lassen, andächtige Vertiefung des Geistes in einen Gegenstand der Verehrung oder Versenkung in einen religiösen Inhalt. Dieses Verständnis der Meditation ist mit einer vorsätzlichen, willentlichen Gedankenlenkung verbunden, die darin besteht, daß ein einziger, auserwählter Gedanke alle anderen ersetzen soll. Für diesen Sachverhalt gibt es verschiedene Bezeichnungen:

Konzentration:
Geistige Sammlung, Anspannung, höchste Aufmerksamkeit. (lat. con = zusammen; gr. centron = Stachel, Spitze, Zirkel). Vom Kreisbogen aus wird der Mittel-Punkt unverwandt angeblickt.

Kontemplation:
Schauende Versunkenheit in Werk und Wort Gottes unter Ausschaltung allen Wollens. (lat. templum von gr. temenos = etwas Herausgeschnittenes, Ausschnitt). Im Gegensatz zur Konzentration ist nicht der Blickpunkt, sondern ein Blickfeld Gegenstand der Beobachtung.

Imagination:
Einbildung, bildhaft-anschauliches Denken. (lat. imago = Bildnis, Traumbild, Trugbild, Vorspiegelung, Schein, Vorstellung, Gedanke, – hängt auch mit lat. imitatio = Nachahmung zusammen).

Suggestion:
Erweckung bestimmter Vorstellungen, Beeinflussung des Seelischen, Einreden (lat. suggestio = Eingebung, Einflüsterung).

Autosuggestion:
Selbsteinredung, Vermögen, ohne äußeren Anlaß in sich eine Vorstellung zu erwecken. Diese Vorsatzbildung richtet sich auf einen Gegenstand oder eine gewünschte Wirkung.

Vertiefung und *Versenkung:*
können sich nur auf Absenkung der gedanklichen Aktivität beziehen, wobei ungeklärt bleibt, wie dies vor sich geht, wenn ein Gegenstand festgehalten oder die eigene Aktivität wiederum durch Tätigkeit ausgeschaltet werden soll.

Bei all dem Vorerwähnten handelt es sich um ein Denken, das auf ein Gegenüber, einen Inhalt oder Gegenstand, also eine Zweiheit angewiesen ist. Das gegenständliche Denken spielt sich aktivitätsmäßig an der Oberfläche des Bewußtseins ab und ist auf den gewöhnlichen Wachzustand beschränkt. Hier aber findet die Versenkung, das Sinken der Aktivität in die feineren Wahrnehmungsbereiche, nicht statt. Ein Gegenstand ist etwas Begrenztes, weshalb bei konzentrativer Vorsatzbildung der Geist eingeschränkt und das Gewahrsein verengt werden. Der gemeinsame Nenner dieses Verfahrens ist die Gedankenkontrolle, die vom beschränkten Ich ausgeübt wird.

Geht man auf die indo-germanische Sprachwurzel »med« zurück, so entdeckt man noch zusätzliche Gesichtspunkte, die in der bisherigen Begriffsbestimmung der Meditation nicht enthalten waren. Wir erfahren, daß »med« sowohl in lat. *mederi* steckt, das im Sinnzusammenhang steht mit heilen, abhelfen, Rat wissen, als auch in *meditari,* das ursprünglich ermessen, geistig abmessen bedeutete und erst später zu Nachdenken, sinnend Betrachten und Üben wurde. Mederi und meditari werden als Tätigkeit verstanden, obwohl die Endsilbe »ri« eigentlich die Leideform ausdrückt und heißen könnte: ich werde geheilt oder ich werde meditiert. Tun und Geschehenlassen wurden ursprünglich als ein zusammengehöriges Ganzes empfunden, was durch eine Mittlerstellung des Menschen zustande kam und sich auch in der Sprache ausgedrückt hat. Dem Wortstamm nach hat allerdings »med« nichts mit Mitte zu tun, obwohl der Mensch in der Meditation als ein Wandler oder Wanderer zwischen den beiden Welten des All-Einen angesehen werden kann.

Der Sprachwurzel »med« liegt auch unser Maß, maßvoll, müssen und Muße zugrunde.

Maß und *maßvoll:*
könnten sich auf eine Ausgewogenheit zweier Gegenwerte beziehen, wobei wir an die Harmonie oder Gesetzmäßigkeit von Ruhe und Bewegung, an den Rhythmus des Lebens denken.

Muße:
ist unerläßlich für Entspanntsein, Ruhe und Stille, ohne welche die Gedankenaktivität nicht absinken kann.

Helfen und *heilen:*
bedeutet etwas Krankes, Gestörtes oder Entzweigegange-

nes wieder ganz oder heil machen. Ein heiler Mensch besitzt inneren Frieden und Ausgeglichenheit, er steht im Einklang mit sich selbst und der Mitwelt. Ein Nachsinnen in Unfrieden, Mißstimmung und Aufruhr wäre kaum möglich.

Rat wissen:
deutet auf Wissen und Zielerkenntnis hin. Rat und Wissen müssen aber bekannt werden, um davon Nutzen ziehen und das Unheile wieder in Heil verwandeln zu können. Der Weise gibt den guten Rat, durch Ruhe die Ordnung wiederherzustellen. Aber wo befindet sich die Quelle seines Wissens?

Üben:
ist die Weise, etwas Neues kennenzulernen. Es besteht in der regelmäßigen Wiederholung ein- und desselben solange, bis es von selbst geht. Wir kennen die Worte: Übung macht den Meister, oder: Es ist kein Meister vom Himmel gefallen, und: Gut Ding will Weile haben. Übung und Geduld gehören zusammen. Der Schwerpunkt einer Übung, die lösen und beruhigen soll, liegt nicht auf der Leistung und Anstrengung, sondern der Mühelosigkeit und dem regelmäßigen Wiederholen.

Dhyana:
ist die Sanskritbezeichnung für Meditation. Sie gibt uns noch weitere Aufschlüsse: das Wort heißt zwar auch Nachdenken, Meditieren, wobei aber ein vertiefendes Denken gemeint ist. Darunter wird das Aufhören des gegenständlichen Denkens verstanden, weil davon das Zustandekommen der Tiefenbewußtheit ohne Sinnesaktivität abhängt. Andernfalls wird nicht von Dhyana, sondern vom üblichen Konzentrationsbemühen im Vorfeld des Eigentlichen gesprochen. Allerdings ist Dhyana mit einigen Auflagen auf dem Gebiet

der Lebenseinstellung und Lebenshaltung verbunden, die als schwer erfüllbar gelten. So kann es ebenfalls als anstrengender Kampf gegen die Gedanken und Sinne aufgefaßt werden. Es scheint sicher zu sein, daß auch hier nicht die schöpferische Mühelosigkeit von Anfang an das allein Maßgebliche und sinnvoll Wirkende ist, sondern das menschliche Bemühen, das vorsätzliche Tun – selbst wenn es aufs Höchste abzielt.

Disziplin und *Exerzitium:*
Wir haben uns angewöhnt, Meditation auch mit beidem in Zusammenhang zu bringen, wobei wir hauptsächlich an Zwang, Härte, Vorschrift und Strenge denken müssen.

> Es gehört zu den bedauerlichen Aspekten unseres westlichen Konzeptes der Disziplin, daß man glaubt, sie müsse schmerzhaft oder unangenehm sein. Der Osten hat schon seit langem erkannt, daß das, was für den Menschen – für seinen Körper wie für seine Seele – gut ist, auch angenehm sein muß. (Erich Fromm)

Das lat. disciplina = Zucht, Ordnung kann aber auch eine andere Bedeutung haben, dem das lat. discipulus = Schüler zugrundeliegt: Ein Schüler muß regelmäßig lernen, um Wissen zu erlangen. Er muß sich auch der Schulordnung unterwerfen, wenn er nicht anecken und Nachteile erfahren möchte.

Exerzitium heißt geistige Übung zur inneren Einkehr. Lat. exercitus = geübt, geschult, bedeutet aber auch geplagt, hart mitgenommen, voller Widerwärtigkeiten. Deshalb vielleicht ist Exerzitium – wohl in Gedankenverbindung mit dem militärischen Exerzieren – mit höchst unangenehmen Vorstellungen verbunden.

Alles das mag dazu beigetragen haben, daß Meditation entweder als ein Bemühen galt, das nur für moralische Athleten in Frage kam oder als das Steckenpferd von Schwärmern, verschrobenen Einzelgängern, seelisch Schwachen oder lebensmatten Nichtstuern. Deshalb wähnte sich glücklich, wer derartiges nicht nötig zu haben glaubte, zumal es nur Zeit kostet, nichts »Greifbares« bringt und obendrein noch unerfreulich sein soll. So läßt sich die Vernachlässigung und Verkümmerung eines Bewußtseinsvermögens erklären, das ebenso natürlich und unentbehrlich ist wie Wachen, Träumen und Schlafen. Leider verzichten viele Menschen auf die Nutzung ihres grenzenlosen Kapitals, weil sie es nicht wahrnehmen oder nicht wahrhaben wollen.

Bewußtsein:
in den Nachschlagwerken wird es erstaunlicherweise kaum erwähnt, obwohl es die Grundlage von allem Gesagten ist. Auch wenn es vorausgesetzt wird, bleibt offen, ob die Bewußtseinsveränderung nur durch Auswechseln von Gedankeninhalten bei gleichbleibender Aktivität vorgenommen oder über einen Reinigungs- und Ordnungsvorgang im Wege der Versenkung geschehen soll. Dem Austauschverfahren von Inhalten wurden bislang die größeren Erfolgsaussichten eingeräumt als dem inneren Heilungsgeschehen. Das aber würde heißen, daß dem ursprünglichen Bewußtsein kein Vollkommenheitswert zuerkannt wird im Sinne eines ewigen Selbst, es vielmehr für etwas Veränderliches, Verbesserungsfähiges, Bedingtes gehalten wird. Die Erfolgsbilanz der entsprechenden Verfahren läßt sich an der Befindlichkeit und Gestimmtheit der heutigen Menschen ablesen.

Schaut man in die Schriften über Meditation, so gewinnt man den Eindruck, daß die meisten Wege das Ziel der Erleuchtung ansteuern und einen Endzustand der Einheit im Auge haben. Schwierigkeiten tauchen in der Beschreibung oft dort auf, wo es sich um gegenständliche Denkmeditation handelt. Ein Vertiefen in den Betrachtungsgegenstand soll diesen zwar womöglich auflösen – wie aber, wenn dabei das Selbst im Gegenstand untergeht, oder sich umgekehrt etwas höchst Heiliges auflöst?

Man vermißt auch eine klare Aussage darüber, was eigentlich Vertiefen oder Versenken ist, nach welcher Gesetzmäßigkeit sie sich vollziehen, welche Kräfte und Gegenkräfte dabei wirken, welches die Hindernisse sind und wie diese abgebaut werden. Wir finden so gut wie keine Auskünfte darüber, was Streß ist und bewirkt, auch nicht über die Wechselbeziehung zwischen Physiologie und Bewußtseinserleuchtung. Die fraglichen Antworten sind klar und erschöpfend von Maharishi Mahesh Yogi zu erhalten. Bei ihm erfahren wir, was der für die eigentliche Meditation unerläßliche Verfeinerungsvorgang des Wahrnehmens tatsächlich ist, und wie er im Zusammenhang mit den physiologischen Vorgängen zustande kommt. Maharishi Mahesh Yogi jedenfalls legt ein ganzes Paket vor von überliefertem Wissen, Wissenschaft, Forschung, Lehre, Übungstechnik, Erfahrungspraxis, Testverfahren und Beweismaterial, das es auf dem Gebiet der Meditation bisher noch nicht gegeben hat. Dadurch ist eine ganz neue Lage auf dem Feld geistiger Übungen entstanden, die sich weder durch Totschweigen noch durch Ableugnen, geschweige denn durch Herabsetzen aus der Welt schaffen läßt.

> Nicht die Meditation entfaltet das Selbst, sondern vielmehr entfaltet sich dieses Selbst zu sich selbst. (Maharishi Mahesh Yogi)

Transzendentale Meditation (T.M.)

Das englische »Transcendental Meditation« ist ein Begriff, dessen Übersetzung eigentlich transzendierende Meditation lauten müßte. (lat. scendere = steigen; transcendere = übersteigen, überschreiten, übertreten). Wir haben es mit folgenden Wortbedeutungen zu tun:

transzendent = die Grenzen der Erfahrung und der sinnlich erkennbaren Welt überschreitend, übersinnlich, übernatürlich.

Transzendenz = Bereich jenseits der Erfahrungsgrenzen des Bewußtseins, überhaupt des Diesseits.

transzendieren = das (Hin)-Übergehen über den Bereich hinaus in einen anderen.

Sofern Meditation eine Gedankentätigkeit ist, wäre diese nur im Diesseits und allein oberhalb der Bewußtseinsschwelle möglich. Es kann sich deshalb nicht um eine Meditation handeln, die im Jenseits oder außerhalb des Bewußtseins ausgeführt wird. In unserem Zusammenhang bedeutet transzendental weder etwas Philosophisches, Theologisches noch Jenseitiges, sondern etwas rein Physiologisch-Diesseitiges: Kraft des dem Geist innewohnenden Strebens und seiner Fähigkeit, in die Stille zu sinken, wird die Aktivität der Sinne und Gedanken transzendiert, überschritten, durchsunken. Dies geschieht fallweise bis zur Entstehungsebene jeglicher Aktivität, einem Feld absoluter Ruhe in Wachheit;

denn zu einer transzendierenden Meditation gehört, daß die Aufmerksamkeit dabei nicht verloren geht, wie es beim Einschlafen der Fall ist. Die Übung besteht nicht im anstrengenden Bemühen, seine Gedanken auf einen Gegenstand zu konzentrieren, auch nicht im vorsätzlichen Erzeugen von eigenen oder fremden Vor-stellungen über Gott, Liebe oder Frieden, sondern im Zulassen dessen, was von selbst geschieht, bis letztlich allein das reine, unmittelbare Gewahrsein dessen übrig bleibt, was *ist*. Daraus wird ersichtlich, daß T. M. keine Meditation ist im Sinne der Wörterbücher oder was üblicherweise darunter verstanden wird, sondern ein natürliches Versenkungsgeschehen, bei dem der Geist von einem Zustand höherer in einen geringster Bewegung übergeht. Dieser Übergang von Unruhe zur Ruhe, vom Durcheinander zur Harmonie steht im Zusammenhang mit ergiebigem Erholen durch Streßabbau und bemerkenswerten physiologischen Veränderungen. Eine Übungsweise bleibt solange unbefriedigend, als nicht das elektro-bio-chemische Zusammenspiel leibhaftig und dauerhaft verbessert wird, als es nicht auch hier zu einem tatsächlichen Wandel kommt.

Kurzfristige Augenblickswirkungen können einer ernsthaften Belastungsprobe nicht standhalten. Es besteht sogar die Gefahr, daß der Schüler sich einen Zustand einbildet oder einredet, von dem er nur gehört hat oder den er für sehr wünschenswert hält. Diese Strebenden werden fallweise durch ihr Schein-Sein leidend, ohne sich dies erklären zu können, zumal sie ja nur das »Gute« wollten, dachten und taten. Wo beständig das verleugnet und verdrängt wird, was der augenblicklichen Reifestufe entspricht, kommt es zu den verschiedensten psychisch bedingten Krankheitsfolgen.

> Es ist ein Fehler, das Verhalten eines verwirklichten Menschen nachzuahmen, während man selbst auf einer unterentwickelten Stufe steht. Das kann nur zu Verspannungen führen. (Maharishi Mahesh Yogi)

Die T. M. darf nicht jenen Übungen zugerechnet werden, bei denen das Bewußtsein von außen her durch wertvolle Gedanken, Gefühlsinhalte und gezielte Verhaltensweisen entfaltet oder angereichert werden soll, so nützlich das im Einzelfall auch sein mag. Wenn in der T. M. der geistige Hebel beim Leib angesetzt wird, so geschieht das nur, um ein selbsttätiges Geschehen einzuleiten. Der Leib ist die Stätte, in der durch Ruhe die Ordnung von selbst zunimmt. Im Ursprung ist die Kraft des Schöpferischen am stärksten. Ihr soll von allem Anfang an zur Vorherrschaft verholfen werden, denn sie allein ist das einzig Bewirkende, nicht die Gedanken und Worte über sie.

> Jedes Bestreben, durch Denken einen bestimmten Lebenswert zu verwirklichen, ist zum Scheitern verurteilt. Höchstes Bewußtsein wird gelebt, nicht gedacht. (Maharishi Mahesh Yogi)

So unterscheidet sich die T. M. in ihrer unverwechselbaren Eigenart schon vom Übungsprinzip her etwa wie Mühelosigkeit von Bemühen, Entspannen von Anspannen, Ausdehnen von Einschränken, Freiheit von Kontrolle, Gegenstandslosigkeit von Gegenständlichkeit, Ganzheit von Ent-»zweitheit«, wie Bilden von Erziehen, Dürfen von Sollen, Loslassen von Festhalten, Gehorchen von Kommandieren, Geschehen von Machen.

> Die Entwicklung und Erfüllung des Menschen erfolgt nie und nirgends von außen, sondern immer nur von innen her. Nichts von außen Kommendes besitzt die Kraft, den Menschen zur Seinserfüllung gelangen zu lassen. (Maharishi Mahesh Yogi)

Es liegt auf der Hand, daß jede Übung stets von dem Aktivitätszustand auszugehen hat, in dem wir uns gerade befinden. Gehen wir abends zu Bett, so müssen wir uns aus dem Bereich der Tätigkeit dadurch zurückziehen, daß wir unsere Schritte zum Bett lenken, uns ausziehen und zudecken. Aber schon die Augen fallen uns von allein zu. Das weitere Absinken der Aktivität erfolgt nur, wenn wir von nun an nichts mehr unternehmen. Zur Ausübung der T. M. sind sogar noch weniger Schritte notwendig, weil das vorbereitende Tun sofort ins Nicht-Tun übergeht. Was dann noch an Tätigkeit entsteht, ist ein natürliches Geschehen, das sich selbst überlassen bleibt, ebenso wie dies beim Träumen während der Nacht der Fall ist. Wir »meditieren« am Startplatz, um sogleich »meditiert zu werden« – worauf der Doppelsinn des meditari hinweist. Wir gelangen in die Mittler- und Mischerstellung von Tun und Nicht-Tun, ohne dabei in die Passivität des Dösens oder Schlafens zu geraten. Wachheit in der Meditation ist ruhende Aktivität in Bereitschaft.

Wozu bedarf es einer Technik, wenn der Geist ohnehin von selbst zur Ruhe kommt und in ihr seinen Eigenwert aufzufrischen pflegt? Warum reicht die Ruhe in der Nacht nicht aus, um zur Erholung unseres Wesens, zur Harmonie der Seele, zur Klarheit des Geistes und Ordnung des Leibes zu kommen? Offenbar weil Hindernisse den natürlichen Ablauf blockieren. Hier kommen wir zu dem für die T. M. entscheidenden Gesichtspunkt: der leiblichen Befindlichkeit. Ist das Nervensystem als Träger des Bewußtseins durch Streß verspannt, überanstrengt, gereizt oder mit Fremdstoffen belastet, dann besitzt es nicht mehr die Geschmeidigkeit oder Anpassungsfähigkeit, sich zur absoluten Ruhe entspannen zu können. Der Geist bleibt dann ungeordnet oder beunruhigt und das Bewußtsein durch Wolken verschleiert. Sobald beim Eintreten relativer Ruhe die Verspanntheit im Körper gelöst wird, entweichen die dort aus vorangegangenen Eindrücken festgehaltenen Energien, die nicht verarbeitet, nicht sogleich wieder »ausgedrückt« wurden. Wenn sie frei werden, äußern sie sich, sie sind nach außen gerichtet. Dies wird als Bewegtheit von Gedanken, Gefühlen oder leiblichen Empfindungen bemerkt. Ein derartiger Vorgang entlastet die Seele vom Druck der Eindrükke. Dieselbe Aufgabe haben auch die Träume. Ihre Verhinderung führt bei Tier und Mensch bereits nach wenigen Tagen zu schwerwiegenden Folgen.

Jedes System hat von Natur aus das Bestreben, in höchstmöglicher Harmonie zu sein. Ein verspannter Körper trachtet danach, durch Ruhe die Streßblockaden abzubauen, was – bildhaft gesprochen – schon an der Oberfläche einsetzen kann. Ist hier die Verkrampftheit groß, dann können die Tiefenzonen nicht erfaßt werden, weil schon gleich zu Beginn der Ruhe psychische Energien in Gestalt aufquellender Gedankenaktivität freigesetzt werden. Der Geist kommt nicht zur absoluten Ruhe. Der Organismus erfährt keine Tiefenentlastung. Das ist die Qual aller Schlafgestörten und derjenigen, die trotz einer vermeintlich gut verbrachten Nacht am anderen Morgen wie gerädert aufwachen. Wenn die nächtliche Ruhe, der erholsame Urlaub oder die sportliche Betätigung das Nervensysten nicht nachhaltig in einen besseren Zustand gelangen lassen, wenn dadurch das Leidensgewicht, der Leistungsdruck oder auch Erfolgszwang des Alltags nicht genügend ausgeglichen werden können, dann bedarf es einer zusätzlichen Entlastung. Das aber ist durch T. M. einfach zu erreichen. Nur durch genügend tiefe Ruhe bleiben wir den Ansprüchen gewachsen, können mit dem Fortschritt Schritt halten, aus seinen Errungenschaften Nutzen ziehen, uns unseres Lebens freuen und dem Ziel unserer Bestimmung näher kommen.

Die geistige Übung der T. M. wirkt sich über die Ruhe auf den Leib aus, dessen neuro-physiologischer Zustand dabei nachweisbar verändert wird. Die Messungsergebnisse deuten alle auf das Eintreten des Zustandes »geringster Bewegtheit« hin, dessen Geordnetheit auffallend größer ist als in den Bewußtseinsstadien der Aktivität. Hier liegt eine große Zahl von bemerkenswerten wissenschaftlichen Erkenntnissen vor, die nicht nur neu, sondern teilweise sogar aufsehenerregend sind. Die regelmäßige Praxis der T. M. scheint sich so günstig auf die Gesamtpersönlichkeit auszuwirken, daß die Vermutung naheliegt, als Ursache dafür das ungehinderte Walten der Naturkräfte anzusehen. Dann aber wäre die T. M. ein Bahnbrecher für die Wissenheit und Heilsamkeit der höchsten Instanz. Es wäre deshalb verfehlt, das Mittel T. M. mit dem alleinigen Heilmittel der Schöpferischen Macht zu verwechseln. T. M. ist nur dazu da, deren Wirkungsgrad zu erhöhen. In welchem Umfang die Gesundheit verbessert, die Seele gelöst und der Geist gekräftigt werden und wie das alles zusammenhängt, wird in dem bereits erwähnten Buch von Bloomfield dargelegt: »T. M. – Lebenskraft aus neuen Quellen«. Hier wird über alle Forschungsergebnisse berichtet, die bislang vorliegen auf den Gebieten der Medizin, Physiologie, Psychologie, Soziologie und Ökologie. Die Sorge vor falschen Behauptungen ist unbegründet, weil es sich nicht nur um die subjektiven Berichte jener handelt, die an sich selber Erstaunliches erfahren haben, sondern vor allem um solche Ergebnisse, die wissenschaftlich überprüfbar sind. Obendrein wird der Sachverhalt noch durch das alte Wissen aus den Ur-Kunden bewahrheitet.

Wir pflegen dann eine Technik anzuwenden, wenn wir uns eine schwere Arbeit erleichtern wollen. Wird der Geist durch besondere Widerstände daran gehindert, zur Ruhe zu gelangen, dann bedienen wir uns zu deren Abbau ebenfalls eines technischen Hilfsmittels. Seine Anwendung ist in der T. M. bis zur Mühelosigkeit verfeinert worden.

Ebenso mühelos wie Schlafen, Träumen und Aufwachen von selbst geschieht, entwickelt sich das menschliche Bewußtsein mühelos von einer zur anderen Stufe. Mühelosigkeit ist das Kennzeichen dieses natürlichen Geschehens. Da wir in unserer Persönlichkeit Stoffe angesammelt haben, die unserem Wesen nicht entsprechen, brauchen wir eine Technik, um das andernfalls Schwierige ohne Anstrengung loszuwerden. Hätten wir keine Hindernisse geschaffen, ginge alles auch ohne Technik. (Maharishi Mahesh Yogi)

Die Mühelosigkeit der T. M. verbindet Technik und Natur zu einem Ganzen. Wenn die T. M. ein geistiges Üben auf der Grundlage der Mühelosigkeit ist, dann kann es sich dabei nur um einen natürlichen Versenkungsvorgang handeln. Deshalb kommt es darauf an, daß der Übende sich den natürlichen Merkmalen des Geistes anpaßt und nicht diesem eigenwillig eine fremde Verhaltensweise aufzwingt. Zur Eigenart des Geistes gehören Selbsttätigkeit, Bewegtheit, Ruhebedürfnis, Abwechslungsfreude, Ordnungssinn, Ausdehnungsdrang, Freiheitsstreben, Geschmeidigkeit, Verbindungsvermögen und Lustverlangen. Berücksichtigen wir dies, dann sinkt der Geist von selbst im Bewußtseinsraum durch die unterschiedlichen Schichten, Felder oder Bereiche der Aktivität, wobei der Freiheitsgrad der Gedanken mit der Ruhe zunimmt, während mit steigender Bewegtheit deren Beschaffenheit gröber wird. Vom Gas bis zum Diamanten weist die gesamte Schöpfung in ihren Schwingungsfeldern denkbar verschiedene Verdichtungen auf. Das gleiche gilt auch hinsichtlich der Gedanken.

Für jeden Menschen ist es ein unverzichtbares Bedürfnis, abwechselnd zu wachen, zu schlafen und zu träumen. Wem einer dieser Bewußtseinszustände längere Zeit entzogen wird, der erkrankt. Auch der Zustand Reinen Gewahrseins gehört anlagemäßig als Grundlage aller geistigen Bewegtheit zu unserer Natur. Auf ihn verzichten zu müssen, ihn vergessen zu haben, zieht zwangsläufig Leiden nach sich.

Der dem allgemeinen Strom unserer Zeit entgegengesetzte Zug zur Verinnerlichung erklärt sich aus dem Drang der Natur zum Heilen und Ganzen. Insofern könnte darin der ergänzende Ausgleich für die Einseitigkeit eines rein materiell, nach außen gerichteten zweckgebundenen Lebens gesehen werden.

Das Programm der T. M. sieht vor, daß der Interessierte zunächst in zwei aufeinanderfolgenden Vorträgen eines von Maharishi Mahesh Yogi autorisierten Lehrers Grundauskünfte über Wesen, Sinn und Wirkung der Meditation erhält. Wenn er sich durch das Gehörte veranlaßt sieht, die empfohlenen Schritte auch zu unternehmen, ist als nächstes ein persönliches Gespräch mit dem Lehrer vorgesehen. Hier werden Zeit und Ort sowie nähere Einzelheiten für den Unterricht festgelegt. Aus Gründen einer unverzichtbaren Einheitlichkeit, und im Interesse eines bestmöglichen Übungsbeginns muß der Lehrer die erste Stunde in einer festgelegten Form einleiten, deren Sinn dem Anfangenden erklärt wird.

An vier aufeinanderfolgenden Tagen findet täglich jeweils nur eine Unterrichtsstunde statt; denn mehr ist nicht erforderlich. Der geringe Zeitbedarf erklärt sich daraus, daß es sich nicht um die Beibringung von etwas Künstlichem oder gar Schwierigem handelt, sondern um das Entdecken und Anwenden eines natürlichen, bereits vorhandenen Vermögens.

Nach diesen vier Übungsstunden ist der Anfangende mit der Technik so vertraut, daß er nunmehr selbständig ohne Aufsicht seine eigene Spur zu sich selbst eine gute Weile beschreiten kann. So oft er es wünscht, kann er Verbindung mit dem eigenen oder den zahlreichen anderen T.-M.-Lehrern aufnehmen. Die strikte Einheitlichkeit des Lehrplanes gewährleistet das fugenlose Ineinandergreifen aller Auskünfte und Meditationshilfen eines jeden Lehrers, einerlei in welchem Ort oder Land er sich befindet. Diese Möglichkeit ist von großem Vorteil für den Meditierenden; denn nirgendwo muß er umlernen, niemandem muß er anhängen.

Wie aber sieht die Übungspraxis aus?

Das bequeme Sitzen (nicht Liegen) ist erforderlich für das Eintreten von Ruhe. Eine weitere Hilfe bei der natürlichen Abnahme von Aktivität ist das Schließen der Augen. Mit offenen Lidern kann man nicht schlafen. Wenn die optischen Außenreize nicht abgeschirmt werden, kommt keine tiefe Ruhe zustande. Bei einer Meditation mit geöffneten Augen könnte sich der tiefverwurzelte Streß nicht lösen, zumal sich die Aufmerksamkeit im Zwiespalt zwischen innen und außen befindet; das aber ist der geistigen Klarheit abträglich.

Das dritte »Beruhigungsmittel« ist ein Übungslaut, der sanft zu Hilfe genommen wird. Dieser Laut, genannt Mantra, wird im ersten Unterricht vom Lehrer übermittelt, zusammen mit der rechten Weise damit umzugehen. Es kommt dabei darauf an, daß das natürliche Absinken der Aktivität nicht behindert, sondern zugelassen wird. Das ist die »Technik« der Mühelosigkeit. Sie dient dazu, letztlich frei von ihr zu sein. Dieser scheinbare Widerspruch löst sich unversehens in der Praxis. Wäre die Technik nicht mühelos, gäbe es weder Absichtslosigkeit, Unvoreingenommenheit und »Unschuld«, noch demütige Hingabe an den Naturvorgang, geschweige denn Ge-horsam gegenüber dem schöpferischen Willen. Alles zusammen ergibt von selbst das für die T. M. so bezeichnende Aufhören des »Ich-tue« und »Ich-will«; das aber gilt als unabdingbar für jeden naturhaften Ablauf eines Sink- oder Auftauchvorganges. Das Selbst ist dann nur schweigender Zeuge eines übergeordneten Geschehens, das uns in seinen Dienst nimmt. Von etwas Ähnlichem außerhalb der Meditation berichten viele Künstler als etwas überaus Beglückendes.

Die Übungslaute sind eigens ausgesuchte Schwingungsgebilde, deren Wirkung seit Jahrtausenden den Meistern vertraut sind. Die in der T. M. verwendeten Lautsilben bewirken das Feinerwerden der Wahrnehmungen und fördern zugleich das Wohlbefinden des Übenden. Die Eigenart der benützten Klanggebilde besteht darin, daß sie ohne Inhalt sind und man deshalb über sie nicht »meditieren« kann. Dadurch entfällt sowohl der Zwang, eine ruhewidrige Denktätigkeit aufrechtzuerhalten, als auch der anstrengende Versuch, einen bestimmten Gegenstand des Denkens im Auge zu behalten. Würden die T. M.-Mantras mit Begriffsinhalten besetzt sein, wären sie vom Übungsprinzip her für eine transzendierende Versenkungsweise unbrauchbar. Dann bestünde für den Geist keine Möglichkeit, seine Aufmerksamkeit vom Inhaltlichen auf das Klangliche – als einer echten Alternative – zu schwenken. Dort, wo es nicht um die vorsätzliche Betrachtung von Gedanken und Gegenständen der Meditation geht, setzt sich das Ruhestreben des Geistes mittels des Mantras gegenüber dem psychischen Gegenstrom des Streßabbaus durch. Das Unterlaufen und Transzendieren dieser Auftriebskräfte vollzieht sich mit einem geeigneten Mantra und seiner rechten Anwendung unwillkürlich. Das aber ist nur möglich, wenn jegliche auch noch so leise Anstrengung und Selbstbeeinflussung unterbleibt. Darin liegt das Geheimnis des Erfolges.

Die Wirkung von Tonschwingungen ist bekannt aus der Erfahrung mit Wiegenliedern, Musik, eintönigen Geräuschen und Einschlaftherapien. Es gibt beruhigende und aufreizende Klänge. Die Mantras haben eine sehr beruhigende, aber keine einschläfernde Wirkung, weshalb sie unentbehrlich sind für das Bewußtbleiben auch in der Stille. Außenklänge nehmen keine Rücksicht auf die Veränderungen in der Physiologie, was der bei sanfter Musik Eingeschlafene schmerzlich bemerkt, wenn er von einem Fortissimo aufgeschreckt wird. Das Mantra aber ist eine Innenschwingung, weil es nur lautlos gedacht wird. Das erlaubt das naturhaft=selbsttätige Anpassen der Aktivität des Körpers an die des Geistes und umgekehrt. Die Regelvorgänge werden gesetzmäßig durch das Gehirn gesteuert, weshalb sich der Meditierende um nichts zu kümmern braucht. Jeder erhält das für ihn bestimmte Mantra mit dem ausdrücklichen Hinweis, es aus übungstechnischen und lernpsychologischen Gründen für sich zu behalten. Wenn jemand eine Arznei vom Arzt verschrieben bekommt, pflegt er diese selbst einzunehmen und keinem anderen zu verabreichen; denn dann hätte weder er selbst einen Nutzen, noch wäre dem anderen geholfen. Wie eine Arznei ist auch das Mantra abgestimmt auf die betreffende Person. Das Mantra ist nur ein Mittel, das die Wirkung der ordnenden Kräfte der Natur steigert. Diese aber sind erfahrungsgemäß am Ursprung, in der Stille am größten. Das Mantra bewirkt, daß wir unsere Kräfte in Bewußtheit aus der Stille schöpfen können.

Die Meditation wird zweimal am Tag 15 bis 20 Minuten jeweils am Morgen und Abend durchgeführt. Dabei geschieht auf angenehme Weise, was man sich im Unterricht angeeignet hat. Das Festigen des erholsamen Erfolges bleibt allerdings aus, wenn nur gelegentlich meditiert wird. In der Regelmäßigkeit ist der Segen rhythmischer Abwechslung enthalten. Schon deshalb sollten die heilsam ordnenden Zeiten der Stille zur Alltagsgewohnheit werden.

Jedes Leibgefüge ist mit einem Nervensystem ausgestattet, das nach einheitlicher Gesetzmäßigkeit arbeitet. Bei allen Menschen sinkt die Aktivität beim Einschlafen ab, einerlei zu welchem Kulturkreis, Alter, Beruf, Glauben und Geschlecht sie gehören. Nach Überschreiten der Bewußtseinsschwelle ist sogleich alles vergessen, was im Gehirn an Standpunkten, Gewohnheiten, Vorsätzen und Dogmen aufgespeichert war. Das gilt auch für das Versenkungsgeschehen der T. M. Jedermann ist deshalb unabhängig von seinem Wissensstand oder Glaubensbekenntnis befähigt, diese Meditation auszuführen, sofern er gedanklich den einfachen Richtlinien des Lehrers folgen kann und sein Nervensystem nicht unheilbar geschädigt ist. Sobald Kinder in der Lage sind, sich das Mantra zu merken und für sich zu behalten, können auch sie meditieren. Allerdings wird ihnen eine Technik gezeigt, bei der sie nicht sitzen, sondern herumlaufen. Die Sitztechnik wird erst ab zehn Jahren gezeigt.

Als eine natürliche Versenkungsweise ist die T. M. im eigentlichen Sinne keine Technik, sondern eine »methodenlose Methode« oder ein »wegloser Weg«, wie es Maharishi Mahesh Yogi einmal ausgedrückt hat. Auch das Ziel ist als Wirksamkeit der schöpferischen Alleinherrschaft von Anfang an erreicht. Die Technik beschränkt sich auf den rechten Umgang mit dem Mantra, das immer wieder die Bewußtseinsverbindung mit der universalen Ursprungsmacht herstellt. Wichtig für die Übung ist nur der Wille, wirklich Anfangsschritte zu tun und regelmäßig weiterzuschreiten. Andernfalls bleiben die eingefleischten Streßblockaden als Hindernisse der inneren Reife und des sinnvollen Handelns bestehen, wobei neue noch hinzutreten.

Gedankliche und leibliche Aktivität verändern sich einheitlich im Verbund. Die Ruhe löst das Verkrampfte, heilt das Unheile, er-holt das Verlorene. Das Lösen der Verspanntheit ist ein körperlicher Vorgang, der mit mehr oder weniger bemerkbaren Gedankenströmen verbunden ist. Die Inhalte stehen jedoch in keinem Zusammenhang mit dem Bewegungsablauf, durch den die gebundenen Energien entweichen. Es geschieht vergleichsweise dasselbe wie bei Träumen, deren Sinn verschlüsselt und deren Inhalte miteinander verquickt sind. In der T. M. verfeinern und verflüchtigen sich die begrifflichen Inhalte mit zunehmender Ruhe. Weil es allein auf die Entfaltung des Schöpferischen ankommt, unterbleibt die Beschäftigung mit Inhalten und das Verweilen bei ihrer Bewegtheit. Auch während des Träumens können Inhalte nicht untersucht werden; und danach sorgt unser Vergessen dafür, daß die Vergangenheit nicht erneut vergegenwärtigt wird. Wenn es heißt, daß sich während oder durch die Meditation häufig alte Problemknoten lösen, so mag das damit zusammenhängen, daß absichtsloses Gewahrwerden die heilende Naturkraft ins Spiel gelangen läßt, die der vorsätzlichen Verarbeitung weit überlegen ist. Es soll keine Therapie geben, die den Entlastungseffekt des Träumens ersetzen könnte. Wichtig erscheint, daß sich der Meditierende im Abstand von den Inhalten erlebt und sich deshalb nicht in sie verwickelt sieht. So verlieren sie ihren Scheinwert als absolute Hauptsache und verwandeln sich in etwas Relatives. Diese Überlegenheit kann sich durchaus zu einem Dauerzustand auch außerhalb der Meditation festigen, wenn regelmäßig meditiert wird.

Mahirishi Mahesh Yogi verleugnet keineswegs die Tatsache von Problemen und Leiden. Er weigert sich aber das Mangelhafte als die Natur des Lebens anzuerkennen und ihm soviel Lebenskraft und Zeit erfolglos zu opfern. Probleme haben die Aufgabe, den Betroffenen auf etwas Verkehrtes aufmerksam zu machen und zur Um-Kehr zu veranlassen. Diese besteht in den Hinwendungen zur schöpferischen Fülle, als der einzig wirksamen Gegenkraft. Dann verschwinden die Problemberge der Gedanken von selbst. Die Erfüllung der gestellten Aufgabe ist mit ungetrübtem Sinn kein Problem mehr.

Dort wo sich in der Meditation »Erfahrungen« wegen ihres Inhaltes aufdrängen, werden sie nicht beachtet. Das schützt nicht nur allenfalls vor einem zweiten Erlebnisaufguß, sondern auch vor der Gefahr, sich etwas einzubilden oder von Gefühlen und Stimmungen irregeführt zu werden, ins Unwirkliche abzugleiten. Anfänglich mögen »Erfahrungen« noch für etwas »Besonderes« gehalten werden, später gewöhnt man sich daran, sie erscheinen als normal. Das gilt auch für die Langzeitwirkung fortlaufender Praxis, die zu einem beträchtlichen Anstieg der Erlebnisfähigkeit führt. Reisen wir aus dem kühlen Norden in den heißen Süden, so gewöhnen wir uns bald an das andere Klima, ohne dieses als etwas Ungewöhnliches zu empfinden. Durch das Übungsprinzip werden wir in und nach der Meditation davor bewahrt, in eine Sensationslust oder Märchenwelt zu geraten oder beim Ausbleiben von etwas »Besonderem« ungeduldig und unsicher zu werden.

Zur Eigenart des Fortschreitens gehört die rhythmische Bewegtheit. Wenn bisher die Rede davon war, wie der bewegte Geist durch die Meditation zur Ruhe des Reinen Gewahrseins gelangt, so war dies ein Teilgesichtspunkt. Zum Wechselrhythmus des Lebens gehört nicht allein das Eintauchen, sondern ebenso das Auftauchen. Der zwanglose Umgang mit dem Übungslaut ist die Gewähr dafür, daß die natürliche Gegenbewegung der Aktivität sich ungehindert auswirken kann. Würde dies Auftauchen vernachlässigt oder gar unterbunden, dann wäre es unmöglich, die vom Geist in der Tiefe aufgeschöpften Lebenswerte in den Alltag zu versetzen und hier dauerhaft verfügbar zu haben. Ein Wettkämpfer, der nicht die in der Ruhe gesammelte Leistungskraft durch dauerndes Bewegungstraining seinen Gliedern »einverleibte«, würde erfolglos bleiben.

Es wäre nicht zweckmäßig, hier Einzelheiten der Technik zu beschreiben. Etwas Niedergeschriebenes weiß nicht, von wem es gelesen und wie es verstanden wird. Es kann nicht nachprüfen, ob das Verstandene auch richtig angewendet wird; und wer sollte etwaige Fehler verbessern? Da jeder Anfangende »seinen« Übungslaut erhält und ihm zugleich die Kunst der Mühelosigkeit gezeigt wird, ist der persönliche Unterricht unentbehrlich. Wie für alle ernsthaften Übungsmethoden gilt auch hier: nie aus einem Buch und nie ohne Lehrer. Ein Buch kann nie den Weg und ein Gedanke nie den Schritt ersetzen. Nur wenn die Auskunft eines Buches letztlich zu eigenen Versuchen führt, hat es seinen Sinn erfüllt.

Wer mit der Meditation beginnen möchte, sollte seine Absicht alsbald in die Tat umsetzen, denn andernfalls kann die erforderliche Entschlußkraft für den wichtigen Übergang von der Theorie zur Praxis durch die Macht der Trägheit gelähmt werden. Es hat wenig Sinn, vor lauter Bücherlesen, Vorträgehören, Bescheidwissen oder beruflichem Dauerlauf nicht zu praktischen Schritten zu kommen. Nur sie allein bringen uns weiter. Allerdings sollte die T. M. nicht nur unter dem Gesichtspunkt betrachtet werden, letzter Ausweg aus einem seelischen oder körperlichen Notstand zu sein. Ihn zu beheben, ist bloß vonnöten, um danach entlastet weiterschreiten zu können. Deshalb wäre es nicht ratsam, sich bereits mit den ersten Erfolgen zu begnügen, so befriedigend diese auch im Vergleich zur Ausgangslage erscheinen mögen. Ein Autobesitzer läßt seinen Wagen nicht deshalb in Ordnung bringen, um danach nur darin im Stillstand zu sitzen.

In der Bundesrepublik gibt es derzeit annähernd 900 Lehrer und über 70 Stützpunkte (Weltplan-Center). Dort sind die verschiedenen Zweige der internationalen Organisation mit verschiedenen Aufgabenbereichen unter einem Dach vereint. Hier können Interessierte Auskünfte einholen oder jederzeit mit einem Grundkurs beginnen.

Die T. M. ist eine Entspannungstechnik für jedermann auf jeglicher Erkenntnis- und Reifestufe. Ihre Volkstümlichkeit verdankt sie der Mühelosigkeit als Schlüssel zum Tor der Stille. Er ist für einen jeden verfügbar, weil er nicht an Vorkenntnisse und Bekenntnisse, aber auch nicht an vorher erfüllten Auflagen gebunden ist. Niemand ist ausgeschlossen, sich auf den Weg zu sich selbst zu machen und zwar von dort aus, wo er gerade steht. Mühelosigkeit ist die Voraussetzung dafür, daß die Spiritualität zu einer sozialen Errungenschaft – die wohl wertvollste – werden kann, ohne die es um einen Aufschwung der Menschlichkeit schlecht bestellt wäre. Das Widerstandleisten, Unterdrücken, Verdrängen, Versagen, Bekämpfen, Einschränken und Auseinandersetzen ist stets gegen etwas gerichtet, mit einem Nein und einem Konflikt verbunden. Die T. M. erlaubt jedem Übenden die Konfliktebene auf der Straße des Friedens zu verlassen und in den Einklang mit seiner Natur, einem Ja zur Wirklichkeit zu gelangen. Die T. M. ermöglicht jedem einzelnen seinen höchstpersönlichen eigenen – seinem besonderen Nervensystem entsprechenden – Entwicklungsgang zu nehmen, ohne daß er diesen etwa mühsam herausfinden oder gar selbst zu bestimmen hätte. Alles geschieht von selbst aufgrund der dem Selbst eigenen, unmittelbar ursprünglichen Wissenheit. Die T. M. ist nicht ein fremder, sondern der eigene Weg.

Mit verfeinerter Wahrnehmung wächst von selbst die Unterscheidungsfähigkeit zwischen eigenmächtigem Treiben gegen die höhere Natur oder dumpfen Getriebensein sowie schöpfungsgemäßen Geführtsein von und in ihr, zwischen blinder Willkür und sehendem Ge-horsam.

Das Programm der T. M. fördert die Bewußtseinsenthüllung planmäßig mit der fortschreitenden Reinigung des Nervensystems durch Streßabbau immer rascher. Dieser Prozeß wird noch beschleunigt durch den Einfluß der ständig steigenden Zahl von Meditierenden, die alle ihrerseits unwillkürlich den Bewußtseinspegel der Gruppe und Gesellschaft anheben. Die Macht des Wissens nimmt mit der Zeit beständig zu.

Die Wissenschaft der Kreativen Intelligenz

Im Wissensdurst und Forschungsdrang des menschlichen Geistes wird die Eigenschaft des Lebens erkennbar, zu wachsen, sich auszudehnen und zu steigern. Der Geist sucht den Dingen auf den letzten Grund zu kommen. Wenn dies planmäßig unter bestimmten Voraussetzungen geschieht, sprechen wir von Wissenschaft. Die Naturwissenschaft hat sich zur Aufgabe gemacht, die Außenwelt durch Beobachtung und Versuch zu erforschen, sie nach bekannten Erscheinungen zu ordnen und die Ergebnisse zu beschreiben. Dieses Verfahren teilt die Welt in Fachbereiche ein, die sich geschichtlich aus der geistigen Entwicklung der Menschheit ergeben haben. Trotz dieser Abhängigkeit vom Geist und seinen Veränderungen im Laufe der Zeit, versteht sich die Naturwissenschaft als rein sachlich »exakt«. Ihre Tätigkeit beschränkt sich auf das Meßbare, wobei sie sich besonderer Mittel und Werkzeuge bedient, um die einschlägigen Gesetzmäßigkeiten zu entdecken, deren Ursache ausfindig zu machen und alles auf eine möglichst einfache Formel zu bringen. Das aber erfolgt nicht nur, um den Wissenschaftler zu befriedigen und sein Leben zu erfüllen, sondern auch des Nutzens wegen, den die Allgemeinheit aus den Ergebnissen seiner Arbeit im Interesse eines besseren Lebens ziehen soll.

Weil es der Naturwissenschaft nur um stoffliche Dinge und Vorgänge geht, wurde das Geistige und Subjektive (persönliches Erleben, Empfinden, Fühlen) – weil bisher nicht meßbar – ausgeschaltet. Es kam nicht darauf an, sich an der Süße eines Klangs oder dem Duft einer Blume zu erfreuen, sondern rein sachlich Schwingungen zu zählen und Gesetzmäßigkeiten festzustellen. Die auf Werterlebnis angelegten Sinne hatten nur Zahlengrößen zu erfassen. Aus wissenschaftlicher Sauberkeit unterblieb die Frage nach dem Wesen, Wert, Sinn und Ziel, also der Natur des untersuchten Gegenstandes; hierfür wurden die Geisteswissenschaften als zuständig erklärt. Diesen allerdings blieb es bisher weitgehend versagt, wissenschaftlich voll anerkannt zu werden, da ihre Erkenntnisse nicht genügend beweisbar waren; denn als naturwissenschaftlich im exakten Sinne gilt nur, was beliebig wiederholbar und jederzeit nachprüfbar ist. Die Unmöglichkeit, das innere Erleben und seinen Ablauf willkürlich zu bestimmen oder zu berechnen, führte bei Menschen, die sich für reine Realisten hielten, zu dem Irrtum, daß es sich bei der Erforschung von geistigen Anlagen und Möglichkeiten nur um Schwärmerei, Wirklichkeitsferne, Phantasie und Einbildung handele, ohne Nutzen für die Welt der nackten Tatsachen. Und doch ist auch für diese Menschen unumstößliche Gewißheit: Mich gibt's, ich bin da, ohne daß es hierzu einer Messung, Nachprüfung oder einer Wiederholung bedürfte. Diese Seins-Wirklichkeit geht weit über die Grenze des vermeintlich einzig Realen hinaus. Aber trotzdem blieb es bei den getrennten Wegen der Wissenschaften von Stoff und Geist mit ihren jeweiligen Anhängern.

Es ist bemerkenswert, daß es in der Physik seit den 20er Jahren zur Überschreitung der Grenzen kam, die sich die Wissenschaft zunächst gesetzt hatte. Die Begegnung mit dem Unbestimmbaren, das nicht in die Muster der traditionellen Physik hineinpaßte, öffnete das Tor zu einer neuen Dimension. Obendrein stellte sich heraus, daß die Beobachtung des Wissenschaftlers das Schwingungsverhalten der Feinstteilchen beeinflußt. Das Subjekt, der Forschende selbst, mußte in Betracht gezogen werden, sollte es zu vollständigen Untersuchungsergebnissen kommen. Der wißbegierige Geist, sein Einfallsreichtum und das Glücksempfinden des Entdeckens, die Befriedigung und das Erfülltsein vom Forschen auf seiten des Wissenschaftlers stellten ohnehin subjektive Einflüsse auf das Objektive dar, die eine lupenreine Exaktheit ausschlossen. Das Außerachtlassen der subjektiven Grundlagen beim Forschungsvorgang, der Vorstoß ins Unbestimmbare und die teilweise sehr schwerwiegenden Folgen der Entdeckungen auf Menschen und Umwelt warfen die Frage nach einer allesumfassenden Wissenschaft auf. Sie sollte sich der Basis und Voraussetzung allen Wissens, aller Wissenschaften und Wissenschaftler widmen: dem menschlichen Bewußtsein selbst. Aber noch ein weiteres kommt hinzu: Die Naturwissenschaft hatte auch die Ganzheit des Forschungsgegenstandes nicht erfassen können, weil sie seinen gestaltlosen Aspekt unberücksichtigt ließ. Die Quantenmechanik ist diesem innersten Wert auf der Spur, wenn sie lehrt, daß die Eigenschaft des ruhenden Grundzustandes in allen Stadien der Bewegtheit anwesend ist als jenes Urvermögen, das zu allem fähig ist. Richtungweisende Forscher haben diesem Ganzen ihre Aufmerksamkeit geschenkt:

> Die übliche Teilung der Welt in Subjekt und Objekt, in Innenwelt und Außenwelt, Körper und Seele, ist nicht länger ausreichend und führt uns in Schwierigkeiten. Somit ist auch in der Wissenschaft der Forschungsgegenstand nicht länger die Natur selbst, sondern des Menschen Untersuchung der Natur. (Werner Heisenberg)

> Letzten Endes wird sich die Materie als Energie und die Energie als Information erweisen. (Carl Friedrich von Weizsäcker)

> Es gibt keine Materie an sich. Alle Materie entsteht nur durch eine Kraft, welche die Atomteilchen in Schwingungen bringt und sie zum winzigsten Sonnensystem des

Atomes zusammenhält... Hinter dieser Kraft müssen wir einen bewußten, intelligenten Geist annehmen. Dieser Geist ist der Urgrund aller Materie. Nicht die sichtbare, aber vergängliche Materie ist das Reale, Wahre, Wirkliche, sondern der unsichtbare, unsterbliche Geist ist das Wahre. (Max Planck)
Es kann ja gar keine, in unserem Sinne, sinnvolle Wissenschaft geben, die nach dem Wesen des Menschen und damit zugleich nach dem Wesen des Unbedingten fragt, wenn auf das wichtigste Werkzeug verzichtet wird: die subjektive, innere Erfahrung, die – entwickelt durch lange Übung – dann unausweichlich auch mystische Erfahrung ist. (Balthasar Staehelin)
Der Mensch hat seine höchste Bewußtseinsstufe noch nicht erreicht; eine zunehmende Involution wird ihn mehr und mehr befähigen, im Endlichen auch das Unendliche wahrzunehmen. (Pierre Theilhard de Chardin)
Das Wissen darum, daß das Unerforschliche wirklich existiert und daß es sich als höchste Wahrheit und strahlende Schönheit offenbart, dieses Wissen ist der Kern aller Religiosität. (Albert Einstein)
Es gehört zu den wesentlichen Zügen des wissenschaftlichen Denkens und Arbeitens, darum zu wissen, daß wissenschaftliche Einsichten nur im Rahmen erkannter Voraussetzungen in einem rationalen System Wahrheit sein können, daß aber das Leben als Ganzes, die Welt als Ganzes mehr ist, als was dieses System mit Sicherheit umfassen kann. (Adolf Portmann)
Bewußtsein und Materie sind verschiedene Aspekte derselben Wirklichkeit. (Carl Friedrich von Weizsäcker)

Maharishi Mahesh Yogi folgert: »Wenn das Leben eine Ganzheit ist und der Mensch ein ganzheitliches Wesen, dann muß das Geistige auch irgendwo in dieser Ganzheit in Erscheinung treten – und das bedeutet, daß es auch »meßbar« sein muß.« Der Teil kann nicht ein vom Ganzen abgespaltenes Dasein führen, ebensowenig wie eine vom Ozean getrennte Welle. Eine Teilerscheinung ohne Berücksichtigung ihres Ganzheitsgehaltes wäre absolut wertlos an sich. Jede Anschauungsweise ist solange ein Stückwerk, wie sie die Ganzheit außer Betracht läßt. Wenn sich irgendwo in der Ganzheit etwas ereignet, wirkt sich das auf jeden einzelnen Teil aus, einerlei ob die Vorgänge verborgen bleiben oder offenkundig werden. Das lehrt uns auch das Geschehen auf der Bühne der Weltwirtschaft und internationalen Politik. Es ist ein Gebot des Wirklichkeitssinnes, des nackten Realismus, die ganze Wirklichkeit zu erschließen und nicht mehr mit dem Teilwert der einzelnen Gegenstände oder Ausschnitte – auch nicht auf der gedanklichen Ebene – vorlieb zu nehmen. Zur Ganzheit aber gerhört die Hauptsache: der Ursprung und seine Gegenwärtigkeit in allem, was aus ihm hervorgegangen ist. Sobald der Mensch diesen Ursprung aus eigener Vertrautheit kennt, ist er wissend. Dazu aber bedarf es eines Bewußtseins, das dieses Wissen in sich aufnimmt und eines Sitzes, auf dem sich das Bewußtsein niederlassen kann. Damit stellt sich die Frage nach dem Wissenden, seinem Ich, Selbst und Körper auch für die Naturwissenschaft, soweit es in der Forschung um Ganzheit, letzte Ursache und Vollständigkeit geht. In der Rig-Veda (dem ersten Buch der altindischen Hymnen) steht: Wissen ist im Bewußtsein strukturiert, was soviel heißt wie: geschichtet, gefügt, gebildet. Das Bewußtsein muß sich irgendwo befinden, irgendwo an-getroffen werden können, es muß einen Sitz im Bereich des Stofflichen be-sitzen.

Das für alle Vorgänge in der Natur Bezeichnende ist deren Gesetzmäßigkeit und Ordnung. Sie ist einem Programm vergleichbar, das jedem Geschehen als »Wissen« eingeprägt ist, wie alles abzulaufen hat. Maharishi Mahesh Yogi bedient sich hierfür des Ausdruckes Kreative Intelligenz. Im Wörterbuch steht unter Intelligenz: geistige Fähigkeit, Klugheit, Kennerschaft, Verstand, Einsicht. Bislang ist diese Bezeichnung hier noch nicht verwendet worden, um den Anschein zu vermeiden, daß ein wissenschaftlicher Begriffsgötze aufgebaut wird, der an die Stelle des Unbegreiflichen treten soll. Kreative Intelligenz ist das Allwissenheitsprinzip, das der Schöpfung eigen ist. Das zeigt sich nicht nur in der Arbeitsweise des Schöpferischen schlechthin – seinem unerschöpflichen Aufquellen aus dem Absoluten – sondern auch in seiner allesumfassenden, allesdurchdringenden Eigenart und Gesetzestreue sowie in einem unermüdlichen Gestaltungswillen und Richtungsstreben.

Es gibt Lehren, die davon ausgehen, daß hinter der Schöpfung nicht die Intelligenz, sondern der blinde Zufall steht. Selbst wenn aus der Überfülle von fehlgeschlagenen Anläufen durch Anpassung ein einziger Zufallstreffer zum Erfolg führen würde, so wäre das nur ein Beweis, daß die Kreative Intelligenz sehr intelligent ist, weil sie durch Beharrlichkeit und Unbeirrbarkeit doch ihr Ziel erreicht. Es gibt aber noch andere Hinweise, die für den Intelligenzcharakter des schöpferischen Prinzips sprechen.

Die Natur arbeitet trotz scheinbarer Verschwendung beispielhaft zielbewußt und zweckmäßig. Trotz sparsamsten Einsatzes von Grundbausteinen beim Hervorbringen einer überwältigenden Vielfalt von Einzelgestalten schafft sie spielend die Symphonie der Ganzheit. Mit geringstem Aufwand erreicht sie unfehlbar das Äußerstmögliche. Nie geht sie über ihre Kraft. Das ist höchste Wissenheit, Klugheit und Vernunft, die im Entwicklungsgeschehn waltet – unerreicht von allem diesbezüglichen Bemühen des Menschen.

Wer sich im Einklang mit der Evolution befindet, kommt durch Mühelosigkeit zum größten Erfolg. So erklärt sich die Wirkung der T. M. Das gesetzmäßige Streben der Natur nach Herstellen oder Wiedergewinn von Ordnung, Heil und Harmonie sind Kennzeichen der Intelligenz in schwungvollem Schaffen, das nicht mit zufälliger Anpassung verwechselt werden kann.

Das Reine Sein ist Intelligenz; seine Anwesenheit beschränkt sich nicht auf einzelne Gefüge oder Zustände der Schöpfung, sondern wirkt sinnvoll in allen Gestaltungen. Das Auflösen alter Ordnungen dient dem Aufbau neuer. Die Intelligenz durchzieht wie ein unendlicher roter Orientierungsfaden das Gefüge von allem Werden und Vergehen in dieser Welt. Die unveränderliche Intelligenz bestimmt alle veränderlichen Fortschrittsstufen der Evolution. Die Kreative Intelligenz ist als ordnender Sinn aller Realität vorgeschaltet und deshalb absolut oder transzendent.

Jeder Ablauf ist Bewegtheit, wozu nicht nur Ordnung, sondern auch Kraft erforderlich ist. Die Intelligenz bliebe ohne die Bewegung im Verborgenen ihres ruhenden Urzustandes. Bewegung aber ohne Intelligenz wäre ein unschöpferisches Durcheinander. Es gehört zum Wesen Kreativer Intelligenz, ohne durch ein Zweites veranlaßt zu sein, aus eigener Ursache und Unerschöpflichkeit unentwegt aus sich selbst hervorzugehen und mannigfaltig, bewegt, begrenzt zu erscheinen. Deshalb wird die Intelligenz als kreativ bezeichnet. Kreativität steht für das Schöpferische. Schöpfen und Schaffen gehören zusammen. Maharishi Mahesh Yogi bevorzugt das Fremdwort aus Gründen internationaler Verständlichkeit und neuerlicher Gebräuchlichkeit in der Psychologie. Die Ganzheit des Lebens ist ewig ruhende Ordnung, aus der die ewig bewegte aufsteigt und sich im fortgesetzten Wandel verwirklicht. Reine Intelligenz ist die Natur des absoluten Seins, während die Kreativität als wirkende Kraft für die Bewegung, den Fortschritt sorgt.

Der nüchterne Begriff Kreative Intelligenz ist nur einem Notenbild vergleichbar, das erst als Klang seinen vollen Gehalt preisgibt. Worte wie Intelligenz, Vernunft, Geist, Klugheit und Wissen lassen zunächst nicht den Schluß zu, daß in ihnen Werte wie Schönheit, Liebe, Freude, Freiheit, Humor und Glück mitenthalten sind, obwohl es uns Menschen gerade auf dies am meisten ankommt. Da sie aber für wissenschaftliches Vorgehen zu unhandlich sind und obendrein nur subjektiv erlebt werden können, sollte einer rein sachlichen Wortprägung – Kreative Intelligenz – der Vorzug gegeben werden.

Maharishi Mahesh Yogi wußte, daß er in einer auf das Wissenschaftliche eingeschworenen Zeit nur dort empfängliche Ohren findet, wo er sich einer zeitgemäßen Sprache bedient. Die Wahrheit des Lebens ist eine ewig sich gleichbleibende. Und doch wird sie zu verschiedenen Zeiten jeweils anders veranschaulicht und vergegenwärtigt. Ihre Vermittlung im Geist und im Stil einer längst vergangenen Epoche wäre unzweckmäßig, solange der alle Auffassungsunterschiede überbrückende Erfahrungsgrund fehlt.

Maharishi Mahesh Yogi begab sich deshalb auf den Boden der Wissenschaft und begründete die »Wissenschaft der Kreativen Intelligenz«. Das Bemerkenswerte an ihr ist, daß sie ihre Wurzeln in den Veden hat. Sie will die Ganzheit erforschen und aufdecken, weshalb sie die Wissenschaften von Natur und Geist zur Arbeitsgemeinschaft verbunden hat. Zur Tatsachenerforschung ist als völlige Neuheit die subjektive Erfahrung durch geistige Übung getreten; sie liefert sowohl das Forschungsmittel als auch die Erfahrungstatsachen.

Jede Erscheinung besitzt von Natur aus einen über ihr Äußerliches hinausgehenden Mehr-Wert in verborgener Tiefe, dem sie ihr Dasein und Wesen verdankt; er besteht aus »Information« oder Geist und Energie. Die allein zur Auslotung dieser Tiefe befähigte Sonde ist das verfeinerte Wahrnehmungsvermögen des menschlichen Bewußtseins.

Die Erfahrung allein genügt jedoch nicht; denn der Verstand möchte sie begreifen und durch geeignete Sachkommentare erläutert haben, damit auch die letzten Zweifel ausgeräumt werden mögen. Dieses Verlangen glaubte Maharishi Mahesh Yogi am besten durch eine Wissenschaft von der Kreativen Intelligenz erfüllen zu können. Als Wichtigstes hat sie zur Entdeckung des Ursprungs geführt. Wo etwas entspringt, Gesetzmäßigkeit herrscht und Fortschritt erfolgt, ist immer ein Ziel vorhanden. Ursprung und Ziel liegen aktivitätsmäßig auf der gleichen Schwingungsebene in der Stille. Das bedeutet, daß sich die Reine Intelligenz in Ruhe befindet. Sie kann als der innerste Bereich des eigenen Lebens dort bemerkt werden, wo die Gedanken aufzusteigen beginnen; denn auch hier herrscht Ruhe.

Es ist eine erstaunliche Tatsache, daß der Geist aus einem Zustand hoher Bewegtheit in einen tiefster Ruhe absinken kann, ohne dabei an Aufmerksamkeit zu verlieren. So ist das ruhevolle Bewußtsein befähigt, der Intelligenz in reiner Beschaffenheit inne zu sein. Dies ist der nachweisbare Grundzustand des Bewußtseins in »geringster Anregung«. Durch die nachfolgende Bewegtheit wirkt sich dieses Innesein und Inneblleiben der Kreativen Intelligenz ausgesprochen bereichernd auf das Leben und seine Einschätzung aus. Das Erfahrungswissen um die Grundwerte höchster Kraft, tiefsten Friedens und reinsten Glücks gilt als das wertvollste Wissen, das es überhaupt gibt. Es ist das Wissen um das eigene Selbst. Die Wissenschaft der Kreativen Intelligenz steuert das Verständnis bei, wie der Geist in der Stille Fuß fassen kann und wie sich dabei unser Selbst als eine lebendige Wirklichkeit entpuppt.

Archimedes soll gesagt haben: »Gebt mir einen Punkt außerhalb und ich werde die Welt bewegen.« Dieser Punkt befindet sich in der Stille »außerhalb« der bewegten Welt. T. M. ist der Hebel, mittels dessen der Geist – beim Körper ansetzend – zu einem Kontakt mit der Intelligenz gelangen kann. Im Einklang mit ihrer Gesetzesordnung ist alles zu bewegen oder zu verändern. Die Fähigkeit des Geistes, Ruhe mit höchster Aktivität zu verbinden, erlaubt das geordnete Freiwerden der ganzen Kreativität, die ihren Gipfelwert in harmonischen Wechselrhythmen von Ruhe – Bewegung erreicht. Die menschliche Ganzheit von Bewußtsein und Körper erlaubt die Gemeinschaft beider Gegenwerte, wobei bemerkenswert ist, daß mittelbar vom Geist physiologische Veränderungen bewirkt werden können. Auf diese Weise können Menschen zu Wissenden und Meistern ihres Lebens werden, die ihr unbegrenztes Vermögen sowohl zur eigenen Förderung als auch zum Vorteil aller ganzheitsbezogen einsetzen.

Durch das wissenschaftliche Erforschen der lebendigen Zusammenhänge und Wechselwirkungen soll nicht nur die Anwesenheit der Kreativen Intelligenz nachgewiesen und ihr Vermögen ausgenützt, sondern auch alle unternommenen Schritte überprüft, abgesichert und bewahrheitet werden. Nur so läßt sich das Wissen um die T. M. glaubwürdig auf allen Gebieten des privaten und öffentlichen Lebens verbreiten, und nur so entsteht die Möglichkeit zur unbegrenzten Vermögensbildung für alle: das Vermögen, ganz Mensch zu *sein* und *das* Leben zu haben.

Dabei stützt sich die von Maharishi Mahesh Yogi geschaffene Weltorganisation – hinsichtlich des Ausbildens oder Unterweisens – auf die MIU (Maharishi International University), die, von einem Hauptstützpunkt in USA aus, zahlreiche Zweigstellen an vielen Universitäten verschiedener Länder unterhält. In über 1200 Weltplan-Centern erteilen Meditationslehrer – in einer ständig wachsenden Zahl – den Anfängern Unterricht gemäß einem »Weltplan«, der sowohl für die Wissenschaft der Kreativen Intelligenz als auch für die Praxis der T. M. maßgeblich ist. Die Anfänger und Fortgeschrittenen werden von dem weltweiten Netz der Weltplan-Center aus betreut, wozu auch das Angebot laufender Fortbildungskurse gehört.

In Weggis, Schweiz, wurde 1975 die MERU (Maharishi European Research University) gegründet. Sie widmet sich der interdisziplinären Erforschung des menschlichen Bewußtseins und untersucht den Einfluß der Kreativen Intelligenz. Zum Austausch von Erfahrungen, Erkenntnissen und Ergebnissen werden internationale Symposien veranstaltet, zu denen auf ihren Fachgebieten führende Wissenschaftler als Vortragende eingeladen werden.

In der Bundesrepublik ist es Sache der Deutschen Meru-Gesellschaft – mit Sitz in Schledehausen – interdisziplinäre Grundkurse als Vorsemester zur akademischen Universitätsausbildung einzurichten, alle wissenschaftlichen Fäden aufzunehmen und an einer Stelle zusammenlaufen zu lassen.

Die in der MERU zusammengeschlossene Forschergruppe der Wissenschaft der kreativen Intelligenz hat mit der Entdeckung von gemeinsamen Eigenschaften der Grundzustände von Materie und Geist eine Tat von größter Bedeutung vollbracht. Was auf dem Gebiet der Quantenelektrodynamik und der Thermodynamik hinsichtlich des Grund- bzw. Vakuumzustandes als das Letztmögliche erforscht wurde, besitzt in den Eigenschaften des Reinen Gewahrseins seine Entsprechung. Die Naturwissenschaft bezeichnet den Grundzustand alles Existierenden als Energie, Maharishi Mahesh Yogi als Intelligenz, weil sich die Energie gesetzmäßig-intelligent verhält, sobald sie in Bewegung gerät. Existenz, Energie und Intelligenz sind demnach dasselbe. Deshalb ziehen die Wissenschaften von der Natur und der Kreativen Intelligenz an einem Strick. Maharishi Mahesh Yogi spricht von der Physik des Bewußtseins und der Physiker und Nobelpreisträger Brian Josephson von der

Physik der Veden, weil sich das Bewußtsein und das dort ruhende Wissen (Veda-Wissen) aus den Grundeigenschaften des Vakuumzustandes exakt erklären lassen.

(Vollkommene Geordnetheit in höchster Ruhe, d.h. unbewegt und daher unveränderlich, trotzdem aber unerschöpflich alle Möglichkeiten der Veränderung gesetzmäßig aus sich hervorgehen lassend, also vollkommen gesetzeskundig und bestinformiert. Unveränderlich bedeutet ewig fortlaufender Grund, der uneingeschränkt alles miteinander verbindet, was an Möglichkeiten aus ihm aufsteigt.)

Maharishi Mahesh Yogi nennt die Wissenschaft der Kreativen Intelligenz die erste und letzte Wissenschaft: erste, weil sie als erste die Intelligenz selbst, die Voraussetzung jeglicher Wissenschaftstätigkeit, erforscht; als letzte, weil sie dort beginnt, wo die Physik endet. Um eine Ganzheitsschau überhaupt gewinnen zu können, ist diese Wissenschaft als Grundlage und Verbindungsglied aller Forschungszweige unentbehrlich – sie wird zur Hauptsache. Sie ist die wichtigste Wissenschaft deshalb, weil sie jedem Menschen ganz planmäßig zu einem Bewußtheitsanschluß an seinen eigenen kreativen Ordnungsurgrund verhelfen kann, ohne welchen er als einzelner – und mit ihm die Gesellschaft – in Unordnung, Einebnung, Vermassung, Verödung und Zerfall gerät, ebenso wie dies bei leblosen Stoffen naturgesetzlich der Fall ist. (Rost, Verrotten, Zerfallen, Erosion etc.). Eine Gesellschaft, der die Macht und Autorität der Spiritualität abhanden gekommen ist, gerät leicht unter die Gewalt einer Diktatur. Aber diese kann die Scheinordnung nur befristet erhalten. Als Maharishi Mahesh Yogi Anfang der 60er Jahre neben seinem Kommentar zur Bhagavad-Gita das Buch »Von der Wissenschaft des Seins und der Kunst des Lebens« schrieb, war die Entwicklung zur Wissenschaft der Kreativen Intelligenz schon vorgezeichnet.

Der Weg des Maharishi

Es gehört zur Tradition des alten Indien, daß jemand, der als Mönch den geistigen Weg gewählt hat, sich nicht mehr mit der eigenen Person beschäftigt. Deshalb pflegt Maharishi Mahesh Yogi auf Fragen nach seinem Lebenslauf und seiner Person nicht zu antworten. Sein Denkvermögen in dieser Richtung ist außer Übung. Er hält zudem die Kenntnis von Lebensdaten und Einzelheiten aus der Geschichte seiner Person gegenüber der Entdeckung von etwas Überzeitlichem, Universalen, Überpersönlichen für unwesentlich.

Maharishi Mahesh Yogi ist einer geistigen Tradition zugehörig, die auf den Großen Shankara zurückgeht, der nach indischem Verständnis um 400 v. Chr. gelebt hat. Wenn die den verschiedenen westlichen Berichten zugrunde gelegte Lebenszeit (788–820 n. Chr.) um über ein Jahrtausend davon abweicht, so mag das daran liegen, daß zahlreiche Kommentatoren der Urtexte Shankara als Decknamen benutzten. Das hat außerhalb der Shankara-Tradition zu manch chronologischer Verwirrung geführt. Außerdem liegt der Verdacht nahe, daß zwischen dem durch die Jahrhunderte gleichlautenden Amtstitel Shankara und dem persönlichen Namen des Traditionsbegründers nicht sorgfältig unterschieden wurde.

Das Verdienst Shankaras war, daß er die verschütteten Quellen Vedischer Lebensweisheit von der Ganzheit und Fülle des Absoluten wiedererschlossen hat. Das entsprechende Wissen wurde durch die Jahrhunderte hindurch ausschließlich unmittelbar vom Meister auf den Schüler übertragen, weshalb von einer »Tradition der Meister« gesprochen wurde. Die Meister ersetzten das geschriebene und vorgeschriebene Wort durch das Beispiel ihres wissenden Seins, ihrer geistigen Leuchtkraft und den Liebesstrom ihres Herzens. In Indien wird der Meister als »Guru« bezeichnet. Der Wortsinn weist auf ein Wissen hin, das – angepaßt an die Zeit – gelehrt und zielstrebig für die Menschheitsentwicklung eingesetzt wird. Ein Guru dieser Meistertradition »lehrt« die Einheit, ist aber selbst durch seine Aussage der Zweiheit zugehörig, was mit der Bewegtheit und Relativität der Sprache zusammenhängt. Mit seiner Person macht er sichtbar, daß Einheit und Zweiheit als entgegengesetzte Größen im Bewußtsein eines Menschen zur Ganzheit zusammengeschlossen sein können.

Shankara setzte Maßstäbe sowohl für den echten Guru als auch für den rechten Schüler. Der Guru mußte nicht nur über das vollständige Wissen der Schriften und das Vermögen verfügen, sie fehlerfrei auszulegen, sondern ihren Gehalt im eigenen Leben verwirklicht haben. Wissen, Erfahrung und Leben mußten in ihm zur ungebrochenen Ganzheit geworden sein. Der Guru hatte in Ehelosigkeit zu leben.

Als unerläßlich für eine sinnvolle Ausbildung galt, daß der Schüler seinem Meister in Liebe ergeben war und sich diesem bedingungslos zuordnete; denn nur so war es dem Meister möglich, das Füllhorn seines Wissens rückhaltlos auszuschütten. In unermüdlicher Geduld ging er dann auf alles Fragen seiner Schüler so ausführlich ein, bis auch der letzte Zweifel ausgeräumt war. Der Schüler war es, der mit rechtem Fragen das Ausströmen der Fülle beim Meister verursachte. Dies alles setzte allerdings der Meister-Schüler-Gemeinschaft zahlenmäßig engste Grenzen und erforderte obendrein ein Zusammensein von vielen Jahren. Nur dadurch war es möglich, die Gefahren von Mißverständnissen zu verringern, die bei nur schriftlicher Überlieferung unvermeidbar blieben. Der Erfahrungszuwachs und die Sicherheit wurde durch Anpassen an den Meister, Beobachten seines Beispiels, Ausführen erspürter Wünsche und Lernen aus seiner Reaktion darauf gewonnen. Der Dienst des Schülers in diesem Geist bedeutete keineswegs Unterwürfigkeit oder Selbstaufgabe, sondern vielmehr Selbstgewinn durch den Schwund von Eigenmächtigkeit und Willkür. Ein Dienst in Freude, aus Liebe und Hingabe fördert die Wesensbildung. Der wahre Schüler sah im Meister nicht nur die geliebte Person, er schaute vielmehr in Liebe das Vollkommene, das in ihr zum Ausdruck kam. Ein wahrer Meister wollte deshalb nie Gegenstand eines Personenkultes sein. Dies hätte er als ein Mißverständnis abgelehnt. Er war sich aber bewußt, daß der Schüler über kürzere oder längere Zeit auf eine Bezugsperson angewiesen sein konnte, die Leben, Liebe und Zielbewußtsein weckte. Nach dieser Entwicklungsphase aber duldete er keine Abhängigkeit und Unselbständigkeit mehr, weil diese dem Eigenständigsein im Wege waren.

Was die eigentliche Meditationstechnik anbelangt, so wurde diese übermittelt, sobald sich der Schüler nach einigen Gewöhnungsjahren in die geistige Ordnung des Meisters genügend eingefügt hatte. Dann waren wortreiche Belehrungen nicht mehr vonnöten. Diese geistige Form der unmittelbaren Wesensausbildung des Werdenden durch den Seienden war das Eigentümliche der vedischen »Tradition der Meister«. Der Schüler verdankte hier alles seinem Meister. Immer weniger kam ihm das »Ich« oder »Mein« der Einbildung, Überheblichkeit, Eitelkeit, Selbstgefälligkeit, Rechthaberei, Geltungssucht und Unduldsamkeit – auch nicht das Tragischnehmen eigener Nöte – in den Sinn. Demut, Bescheidenheit, Einfachheit, Unvoreingenommenheit, Heiterkeit, Humor, Herzenswärme und Dankbarkeit waren Ausdruck des fortschreitenden Reifens.

Der Name Shankara wurde zum Titel der höchsten geistigen Würdenträger Indiens: Shankaracharya (Sanskrit: ach-arya = guter Schüler, der dann auch das Zeug zum geistigen Lehrer hatte). Einer von ihnen war Guru Dev Swami Brahmananda Saraswati. Schon als neunjähriger Junge hatte er sich auf die Suche nach einem für ihn passenden Meister gemacht. Da seine Ansprüche sehr hoch waren, dauerte es fünf Jahre, bis er den geeigneten in Gestalt von Swami Krishnanand Saraswati fand. Schon bald hielt der Swami den Jungen für reif genug, um allein in Einsamkeit zu sein. Er erfüllte das Herz des Jungen so vollständig, daß Maharishi Mahesh Yogi hier von einem Inwendigsein des Meisters sprach.

Guru Dev lebte insgesamt über fünfzig Jahre in der Abgeschiedenheit. Vergeblich hatten sich bereits 1920 die maßgeblichen Persönlichkeiten darum bemüht, den inzwischen berühmt gewordenen Weisen für den seit 150 Jahren verwaisten Thron des Shankaracharya von Jyotir Math/Nordindien zu gewinnen. Der indische Philosoph und damalige Staatspräsident Professor Dr. S. Rada-Krishnan sah in dem großen Heiligen die verkörperte Wahrheit, wie sie im vedischen Wissen von der Ganzheit des Lebens philosophischen Ausdruck gefunden hatte. In westlichen Berichten und Schriften wurde Guru Dev nicht erwähnt, er hatte ja auch nichts geschrieben und stets nur sehr knappe Aussagen gemacht. Doch war seine Anziehungskraft und Ausstrahlung auf die wahrheitssuchenden Pilger aus allen Teilen Indiens gewaltig.

Maharishi Mahesh Yogi hatte nur das eine Ziel, diesem Großen irgendwo persönlich zu begegnen. Eines Tages erfüllte sich sein Wunsch, als er nach langem Suchen dorthin gelangte, wo sich der Guru gerade aufhielt. Dieser saß nicht erkennbar, unbeweglich in einem dunklen Raum. Da huschte das Scheinwerferlicht eines in der Ferne wendenden Autos für einen Augenblick über das Antlitz des Ruhenden. Wie ein Blitz durchzuckte Maharishi Mahesh Yogi die Gewißheit: Dies ist mein Meister und kein anderer! Bevor er aber sein Schüler werden konnte, mußte er erst ein naturwissenschaftliches Studium abschließen, was 1941 der Fall war.

Maharishi Mahesh Yogi lebte zwölf Jahre mit Guru Dev in der erwähnten Weise zusammen. Zweieinhalb Jahre waren für das Einstimmen erforderlich, wobei nicht das Kopfdenken, sondern die von Herzen kommende Ergebung vorrangig war. Mit den einfachsten Diensten beginnend, gewann er die Liebe und das Vertrauen des Meisters so, daß er nach einiger Zeit dessen Sekretär wurde. Als Guru Dev 1953 starb, zog sich Maharishi Mahesh Yogi tief betroffen in die erhabene Einsamkeit von Uttar Kashi zurück, um sich dort im Schweigen wieder zu sammeln. Nach einem Jahr tauchte hartnäckig wiederkehrend die Verlockung auf, nach Südindien zu pilgern, um dort die heiligen Stätte aufzusuchen. Obwohl ihm von einem ehrwürdigen Alten sehr vor dem »Abstieg« in den rückständigen Süden abgeraten worden war, begab er sich eines Tages im Jahre 1955 doch auf die lange Reise und gelangte mit Zwischenaufenthalten schließlich auch nach Kania Kumari, dem Zentrum religiösen Lebens an der Südspitze Indiens. Als die Zeit der Rückkehr gekommen war, überkam ihn der Gedanke, den dortigen Pilgern zuvor den Segen der Himalayas zu übermitteln. Doch daraus wurde nichts. Als er jedoch auf der Heimreise in Trivendram (Kerala) den dortigen Tempel besuchte, wurde er von einem Mann angesprochen, dem er offenbar als eine Ausnahmeerscheinung aus dem Norden aufgefallen war. Dieser bat ihn, vor den Pilgern über das Wissen aus den Himalayabergen zu sprechen. Obwohl Maharishi Mahesh Yogi noch nie einen Vortrag gehalten hatte, willigte er ohne Zögern ein. Schon am Nachmittag war der rührige Veranstalter wieder bei ihm und verlangte für die Voranzeige in der Zeitung die sofortige Angabe von sieben weiteren Themen für Anschlußvorträge, die er bereits fest abgemacht hatte. Angesichts dieser Überrumpelung blieb Maharishi Mahesh Yogi nichts anderes übrig, als aufs Geratewohl etwas zu antworten. Er war sich in diesem Augenblick nicht im geringsten darüber im klaren, was da auf ihn zukam. Kaum hatten die Vorträge begonnen, waren schon in Nachbarorten weitere Abende eingerichtet. Das setzte sich so fort, bis daraus eine Vortragstätigkeit in ganz Indien von fast drei Jahren geworden war.

Maharishi Mahesh Yogi erwähnte einmal, es habe keine Schwierigkeiten gegeben, das Wissen klar zu formulieren. Aber wie sollte den Hörern begreiflich gemacht werden, wie einfach es sei, selber an die inwendige Wissensquelle heranzukommen? So mußte er durch unmittelbares Erlebenlassen praktisch zeigen, wie das geschieht. Dabei war er offenbar so erfolgreich, daß seine Gewißheit von Tag zu Tag zunahm, nicht nur auf dem richtigen Weg zu sein, sondern obendrein eine Spur gefunden zu haben, die vollkommen neue Möglichkeiten eröffnete.

Maharishi Mahesh Yogi sollte anläßlich des 89. Geburtstages von Guru Dev in Madras die Gedenkfeier übernehmen. Er verband dies mit einem Drei-Tage-Seminar über das Thema »Geistige Erleuchtung«. Das in den Zeitungen angekündigte Ereignis hatte aus allen Teilen Indiens an die 20000 Pilger angezogen, die anläßlich der abendlichen Vorträge zusammenströmten. Am letzten Abend kam Maharishi Mahesh Yogi auf die erstaunlichen Wirkungen der Meditationstechnik zu sprechen, die er in den letzten Jahren im Anschluß an seine Vorträge gelehrt hatte. Dabei erwähnte er, daß ihm damals die Idee gekommen wäre, ob nicht der ganzen Welt durch eine so natürliche Meditation zu einem geistigen Aufschwung verholfen werden könnte. Darauf rauschte langanhaltender Beifall der Tausende auf, den

Maharishi Mahesh Yogi als eine überwältigende Zustimmung der Natur empfand. Das löste sofort den nächsten Schritt aus; noch war das Händeklatschen nicht verebbt, da fragte er den neben ihm stehenden Veranstalter, ob nicht anderntags hier nochmals eine Versammlung möglich wäre. Und das war der Fall. Maharishi Mahesh Yogi hatte unmißverständlich den inneren Auftrag vernommen, hier und sogleich eine weltweite Bewegung geistiger Erneuerung ins Leben zu rufen. Eines fügte sich von selbst ins andere. So kam es an der Jahresschwelle 1957/58 durch einen augenblicklichen, aber unterschwellig herangereiften, Einfall zur Gründung der S. R. M. (Spiritual Regeneration Movement).

Über dieses Ereignis hatte auch die Presse in großer Aufmachung berichtet. Eine Zeitung brachte die Schlagzeile: »Die Botschaft des Maharishi«. Andere übernahmen das »Maharishi« und plötzlich war es in aller Munde. Die Bezeichnung wird in Südindien fallweise für herausragende, geistige Persönlichkeiten verwendet, wie auch für Sri Ramana Maharshi, der 1950 verstorben war und weithin als einer der größten Heiligen Indiens verehrt wurde. Auf Sanskrit heißt maha = groß und rishi = Seher. Maharishi Mahesh Yogi bezog aber diese Bezeichnung nicht auf seine Person, sondern auf die Größe und Bedeutung seines Anliegens, weshalb er sich nicht darum kümmerte, welches Bild sich andere von ihm machten und wie sie dies benannten. Er hatte niemals Zeit damit verschwendet, sich selbst zu betrachten, sondern sein Denken stets den anderen gewidmet. Außerdem wußte er, daß das persönliche Sein nicht durch die gedankliche Beschäftigung mit der eigenen Person entfaltet werden kann, sondern nur durch das Sein selbst. So berührte es ihn nicht, ob er in den Himmel gehoben oder zur Hölle gewünscht wurde. Seine Botschaft, welche die Pilger so in Bewegung versetzt hatte, lautete:

Es gibt ein Absolutes, dessen Natur Glückseligkeit ist. Es

ist keineswegs mühsam und schwer, dieser absoluten Glückseligkeit inne zu sein, sondern natürlich und einfach. Es ist Anspruch und Bestimmung jedes Menschen, nicht mangelhaft, sondern vollständig er selbst, sein Selbst zu sein.

Die T. M. ist dazu der für alle Richtungen geeignete Weg, weil auf ihm der alleinige Führer die für alle maßgebliche Natur ist. Die Botschaft war uralt, aber die Kunde von der Leichtigkeit und Mühelosigkeit der Zielannäherung war für die frommen Zuhörer eine sensationelle Neuheit und noch dazu, daß dies jedermann möglich sein sollte.

Für Maharishi Mahesh Yogi gab es nach Madras kein Zurück mehr in die Selbstgenügsamkeit eines Einsiedlers. Auch war ihm klar geworden, daß er als einzelner und obendrein im rückständigen Indien nicht genügend ausrichten konnte, wenn es um die ganze Menschheit ging. Deshalb kam ihm der Gedanke, in die seiner Meinung nach fortschrittlichsten Teile der Welt zu gehen wie Nordamerika und Europa, deren Empfänglichkeit, Aufnahmebereitschaft, Umsetzungsvermögen und Tatkraft seinem Vorhaben entscheidend voranzuhelfen versprachen. So machte er sich bereits im Januar 1958 über die Zwischenstationen Burma, Hongkong, Hawaii nach Kalifornien auf. Wieder folgte unversehens eines aus dem anderen.

1959 wurde auf einer ersten internationalen Konferenz in USA der Plan gefaßt, das auf persönlichste Vertrautheit aufgebaute Meister-Schülerverhältnis wegen seiner viel zu geringen Breitenwirkung durch ein leistungsfähiges Lehrsystem zu ersetzen. Der Wirkungsbereich eines einzelnen Meisters mußte durch dessen Vervielfältigung nicht nur jedermann in allen Ländern zugänglich gemacht, sondern auch den Bedingungen der modernen Massengesellschaft angepaßt werden. Hierzu waren vorrangig zahlreiche Unterlehrer auszubilden und mit einem unmißverständlichen Lehrgut zu versehen, das von jedermann fehlerfrei in die

Übungspraxis umgesetzt werden konnte. Das für unmöglich Gehaltene brachte Maharishi Mahesh Yogi in kürzester Zeit fertig. Die ersten Lehrerausbildungskurse begannen 1961 in Indien. In Rishikesh entstand nach mehrjähriger Bauzeit der erste eigene Ashram als eine Art Urzelle der modernen T. M.-Ausbildung. Glücklich preisen sich noch heute die Lehrer, die dort an der Quelle der Weisheit schöpfen konnten, umgeben von einer unbeschreiblichen, unvergeßlichen Atmosphäre. 1965 wurde mit dem Bau der ersten deutschen »Akademie für Persönlichkeitsentfaltung« in Bremen-Blumental begonnen. Der Lehrbetrieb verlagerte sich mit der steigenden Nachfrage in den Folgejahren immer mehr von Indien in den Westen, wo unterbringungsmäßig, reisetechnisch, versorgungsorganisatorisch und lebenshygienisch bessere Bedingungen gegeben waren.

Ein bedeutsames Ereignis mit weltweiten Folgen war 1970 die Veröffentlichung einer Forschungsarbeit von Dr. Keith Wallace über die Einheit von Geist und Leib, die aufgrund des einander spiegelbildlichen Entsprechens von Bewußtsein und Physiologie am Aktivitätspegel oder Ordnungsgrad des menschlichen Organismus nachgewiesen wurde. Nachdem nunmehr die physiologischen Auswirkungen einer geistigen Versenkungstechnik jederzeit überprüfbar waren, eröffnete sich für die Naturwissenschaft ein Weg zur Teilnahme an der planmäßigen Erforschung des Bewußtseins.

Von nun an erschienen auch in wissenschaftlichen Fachblättern eine ständig steigende Anzahl von Berichten über Arbeiten, die sich mit den physiologischen Wirkungen der T. M. befaßt hatten. Für Maharishi Mahesh Yogi war jetzt der Augenblick gekommen, von dem an er auch die Naturwissenschaft in den Dienst seiner Sache stellen konnte. Das erste Symposium über die Wissenschaft der Kreativen Intelligenz wurde im gleichen Jahr an der Stanford Universität,

USA, abgehalten, weitere schlossen sich in regelmäßiger Folge an. 1971 kam es zur Gründung der M.I.U. (Maharishi International University). 1972 wurden die Bestrebungen von Maharishi Mahesh Yogi erstmals von einer Regierung offiziell unterstützt. 1973. wurde das erste Farbfernsehstudio in USA errichtet, als Beginn eines weltweiten Fernsehnetzes für Lehrzwecke. 1974 kaufte die Weltorganisation in Fairfield, Iowa, USA, eine vollständige Universität mit Plätzen für über 1 000 Studenten, die hier seither ein mehrjähriges Studium der Wissenschaft der Kreativen Intelligenz mit akademischem Abschluß durchlaufen können. 1975 entstand die bereits erwähnte Forschungsuniversität in der Schweiz. 1976 wurden in Deutschland zwei sogenannte Wald-Akademien (für längere Kurse) eröffnet und in Schledehausen eine endgültige Stätte für die Deutsche Verwaltungszentrale erworben. 1974 erhielt Maharishi Mahesh Yogi weitere wesentliche Impulse von der Naturwissenschaft, als er mit den Eigenschaften des in der Quantenmechanik entdeckten Vakuumzustands vertraut gemacht wurde, jenes Grundzustands »geringster Anregung« und »größter Geordnetheit«, der als Entstehungsebene alle Möglichkeiten der Bewegtheit aus sich hervorgehen läßt. Die Kennzeichen des physikalischen Grundzustands waren zu seiner Überraschung die gleichen, wie für den Grundzustand des Bewußtseins, der in der alt-indischen Weisheit als der vierte gilt. Als sich dann im Bereich der Soziologie ähnliche Ordnungsmechanismen abzuzeichnen schienen, wie sie in physikalischen Systemen bei Phasensprüngen entdeckt worden waren, glaubte Maharishi Mahesh Yogi auch durch das »Fenster der Naturwissenschaft« einen Blick auf den geistigen Zusammenhang der Welt werfen zu können, der es ihm erlaubte, von gesicherten Anzeichen für ein kommendes Zeitalter vollklaren Bewußtseins zu sprechen. Belächelt, verleumdet, geschmäht oder gelobt, geehrt und bewundert:

Maharishi Mahesh Yogi ging, von all dem unberührt, zielsicher und dem inneren Auftrag gemäß, seinen Weg von einer Station zur nächsten.

Wir erinnern uns an das Merkmal eines wahren Guru: Er lehrt in der Sprache seiner Zeit und bleibt beim Erreichten niemals stehen. Weil er der Ganzheit des Lebens verschrieben ist, pflegt er Getrenntes zusammenzufügen: die Wissenschaft von der Natur und die vom Geist. Dem Doppelgespann von Natur und Wissenschaft ist es zu verdanken, daß die T. M. in den wenigen Jahren seit 1970 eine Volkstümlichkeit in der Welt finden konnte, die ohne Vergleich ist. Die planmäßige Vermittlung einer Jedermannsmeditation in einem derartigen Umfang, noch dazu auf freiwilliger Grundlage, ist eine Neuheit.

Dabei erfolgte die Verbreitung der Harmonie von einer zweifachen Grundlage aus: sowohl vom Grundzustand größter Geordnetheit im Bewußtsein des einzelnen, als auch vom höher geordneten Zustand der Einzelperson in Richtung Gesellschaft. Auch wenn sich mancher Gedanke dagegen sträuben mag, physikalische Erscheinungen auf lebendige Vorgänge im soziologischen Bereich zu übertragen, gleichermaßen in Breitenarbeit, so liegt kein Anlaß vor, neue und womöglich zukunftsträchtige Versuche abzulehnen, bevor sie ihre Prüfungsjahre durchlaufen haben. Das gilt umso mehr, als derzeit keine Denkmodelle bekannt sind, die mit größerer Aussicht auf Erfolg mehr Ordnung, Frieden und Freude in das Leben der Welt bringen könnten, von Liebe gar nicht zu reden. Auch sehen manche Menschen früher und mehr, als es anderen gegeben ist.

Das erstaunliche Ergebnis der bisherigen Wirksamkeit schreibt Maharishi Mahesh Yogi allein seinem Lehrer Guru Dev zu. Aus diesem Grund versäumt er es bei keinem Vortrag, sich in Demut, Bescheidenheit und Liebe vor dem Bild seines verehrten Meisters zu verneigen.

1975 kündete Maharishi Mahesh Yogi das »Zeitalter der Erleuchtung« öffentlich an, nachdem ihm die Wissenschaft das Walten von Gesetzmäßigkeiten vollauf bestätigt hatte, die für ihn auf dem geistigen Gebiet bereits Richtschnur waren. Durch seine Erfolge bei der Verbreitung der T. M.-Technik und aufgrund der sich abzeichnenden soziologischen Auswirkung zündete er allgemein sichtbar das Leuchtfeuer des zukünftigen Zeitalters an.

Um die Entwicklung auf breiter Ebene noch zu beschleunigen, hatte Maharishi Mahesh Yogi ein neues Zusatzprogramm zur rascheren Entfaltung der höheren Bewußtseinszustände mit wechselnden Großgruppen von ausgewählten T. M.-Lehrern erprobt. Die Absolventen der Lehrgänge bilden als sogenannte Gouverneure innerhalb der Weltplanorganisation eine geistige Leit- oder Führungsschicht, mit der er 1976 eine unpolitische »Weltregierung des Zeitalters der Erleuchtung« bildete. Das Regierungsprogramm soll mittels der Wissenschaft der kreativen Intelligenz und aufgrund der T. M.-Praxis – vom einzelnen ausgehend – das Gruppenbewußtsein noch wirksamer erweitern helfen und die Impulse des Wissens verstärkt den Verantwortlichen auf allen Gebieten des öffentlichen Lebens zuleiten. Das alles geschieht im Interesse der »Verwirklichung einer idealen Gesellschaft«, ein Vorhaben, das er 1977 offiziell bekanntgab. Die Idee dabei ist, daß ein ganzer, gesunder oder idealer Mensch in einem Zeitalter der Erleuchtung als eine Verkörperung des Heilen kein Unheil mehr anrichten, kein Leiden mehr verursachen kann, wobei die Breitenwirkung das Ziel verwirklichen hilft. Dem Vernehmen nach hält der amtierende Shankaracharya von Jyotir Math den Maharishi für den bedeutendsten Weisen der Gegenwart, weshalb er ihn mit der ganzen Macht seiner geistigen Autorität offiziell unterstützt. Auch von Ländern außerhalb Indiens geschieht dies durch Persönlichkeiten aus der Politik, Wirtschaft und Kultur.

Fragen und Antworten

Propaganda

Wirkt eine gute Sache nicht ausreichend für sich selbst, bedarf es dazu einer Propaganda, die teilweise recht geschäftsmäßig und aufdringlich erscheint?

Erfahrungsgemäß sind neue Bewegungen oft vom Auftreten einer entschlossenen Gegnerschaft begleitet. Das hängt mit der unberechtigten Sorge zusammen, daß Altbewährtes vom Neuen gefährdet, wenn nicht sogar beseitigt werden könnte. Diese Beobachtung machen wir in der Menschheitsgeschichte auch dort, wo es sich um Verbreitung religiöser oder philosophischer Anschauungen handelt, ja sogar, wo es nur um Wissenschaft, Kunst und Politik geht.

Bislang wurde die Meditation hauptsächlich von Menschen ausgeübt, die entweder besonders reif, ernst, gebildet und tiefgründig waren oder sich zumindest dafür hielten. Meditation war etwas Besonderes, vom Alltag Abgesondertes, weshalb die Gesellschaft sich angewöhnt hatte, den Meditierenden für einen Sonderling zu halten. Mit dem Aufkommen einer Volksmeditation und der Art ihrer Verbreitung entstand bei den einen die Angst vor dem Verlust ihrer Sonderstellung und bei den daran Interessierten, womöglich als Sonderling abgestempelt zu werden. In den Augen mancher Menschen sind Spiritualität und Volkstümlichkeit unüberbrückbare Gegensätze. Meditation können sie nicht mit Propaganda und organisatorischen Erfordernissen zusammenbringen. Sie können sich damit nicht einverstanden erklären, daß sich das Schöpferische auch in anderen Erscheinungsweisen auswirkt, als in der von ihnen gedachten, gewohnten oder gewünschten Weise. Wie aber könnte jedermann von der Möglichkeit einer natürlich anwendbaren Selbsthilfe erfahren, wenn nicht unentwegt darauf hingewiesen würde? Und das muß in einer Sprache geschehen, die jeder versteht und in einer Form, die erfolgreich ist.

Spiritualität

Wie kann das spirituelle Bedürfnis eines Menschen gestillt werden, wenn ein forscher Zweckoptimismus so tut, als ob es nur auf biochemische Vorgänge im Körper – gestützt auf vielversprechende Leistungstabellen – und Erfolgssteigerung im Berufsleben ankäme?

Die Wissenschaft der Kreativen Intelligenz ist eine Ganzheitswissenschaft, weshalb sie Geist und Materie als etwas Zusammengehörendes behandelt. Materie kommt von lat. materia, das ursprünglich *Mutterstoff* hieß und im Zusammenhang mit lat. mater = Mutter, Urheberin, Schöpferin, Quelle steht.

Die Ganzheitswissenschaft geht vom Boden des Gegebenen, des Gegenständlichen aus, damit die Bewußtseinserforschung Hand und Fuß hat und auch der naturwissenschaftlichen Denkweise gerecht wird. In dem Maße wie sich die Gedankennebel verflüchtigen, wird immer deutlicher sichtbar, daß der Stoff nur eine Verdichtung des Unstofflichen, nämlich die Erscheinungsweise der Reinen Intelligenz ist. Beides gehört zusammen und bedarf der Zusammenschau.

Wenn in den Auskünften über T. M. wissenschaftliche Ausdrucksweisen bevorzugt und die physiologischen Messungsergebnisse betont werden, so geschieht dies mit Rücksicht auf die Sprache und das Empfinden unserer wissenschaftlichen Zeit sowie auf den Widerstand gegen alles, was mit Mystizismus, Okkultismus, Spiritismus und anderen undurchschaubaren Bestrebungen zu tun hat. Es geht um die

Enthüllung des Bewußtseins in seiner Unbedingtheit, der Grundlage alles Bedingten. Da die Hüllen stofflicher Art sind, findet auch die Naturwissenschaft eine Ansatzmöglichkeit, bei deren Entfernung mitzuwirken. Mit dem Abbau von Streß und dem Eintreten von Ordnung und Harmonie gelangt die geistige Kraft des Schöpferischen ganz von selbst zur Vorherrschaft.

Das Verkünden einer Wahrheit fällt nur dort auf fruchtbaren Boden, wo sie empfangen, wo sie geschaut werden kann. Dazu bedarf es eines verfeinerten, gereinigten Wahrnehmungsvermögens. Es gibt keinen Weg zur Erleuchtung, der am Stoff, dem Leib und seinem Nervensystem vorbeiführt. Spiritueller Materialismus oder materielle Spiritualität sind nur Wortgebilde, die der Ganzheit von Geist und Materie nichts anhaben können.

Maharishi Mahesh Yogi geht davon aus, daß die Spiritualität heute weniger auf der Gefühlsebene gefördert werden kann, sondern mehr auf dem Weg wissenschaftlichen Nachweises. Dazu muß die persönliche Erfahrung bis auf den Grund sinken können, um hier des reinen, unbewegten Urzustandes gewahr zu werden. Aber ohne neuro-physiologische Voraussetzung für spirituelles Gewahrsein ist keine Erfahrung zu erwarten. Fürwahrhalten bringt uns nicht weiter.

Weil die Ganzheit alles ist, umfaßt sie auch das Gegenständliche des Menschen. Ihr verborgener Wert will offenkundig werden, weshalb spirituelles Wachstum Ganzwerden bedeutet. In dem Maße wie die Wahrnehmungsbahnen durchlässiger werden, dringt die Kernstrahlung einer Erscheinung durch deren Außenhaut hindurch deutlicher in unser Bewußtsein ein. Das spirituelle Tiefenerlebnis des Wirklichkeitsganzen kann dadurch er-»messen« werden (meditari = geistiges Ermessen des Unermeßlichen), daß es sich im Stofflichen bemerkbar macht. Jede Erfahrung bildet mit ihrer physiologischen Komponente eine Einheit. Ohne Körper gäbe es für uns weder das Ganze noch das Bewußtsein einer Spiritualität. Deshalb ist der Zustand des Nervensystems so wichtig.

Das Erfolgsstreben dient beim Start als Antriebskraft in Richtung Spiritualität. Das Streben bleibt, während sich der Zielschwerpunkt verlagert.

Wiederverkörperung

Gibt es eine Wiederverkörperung?

Wenn das Selbst als etwas Unsterbliches, also von allem Anfang schon Dagewesenes ist und sein wird, dann tritt demgegenüber die Sorge um den Verbleib oder das Wiedererscheinen des Körpers in den Hintergrund. Ein berühmter, als großer Heiliger verehrter indischer Meister hat einmal bemerkt, daß sich diese Frage nur für den stellt, der von seinem Lebensgefühl her an die Vergänglichkeit des Körpers gebunden ist. Maharishi Mahesh Yogi meint, daß wir uns lieber mit dem Hier und Jetzt beschäftigen sollten, wenn wir eine Möglichkeit besitzen, ohne den Zeitverlust der Wiederholung zum Ziel der Erfüllung zu gelangen.

Wenn es einen unvergänglichen Ichwert gibt, der seine Individualität durch alle rhythmischen Wechsel von Ver- und Entkörperungen bewahrt, muß er vollkommen sein. Dann bestünde der Sinn einer Wiederverkörperung nur in der Aufwertung der Leiblichkeit. Die Meinungen, wie oft eine Wiederholung überhaupt in Frage kommt, weichen auch innerhalb der Kulturkreise stark voneinander ab. Während in den indischen Frühurkunden Hinweise auf die Wiederverkörperung fehlen, ist in den ersten Upanishaden um 900 v. Chr. bereits davon die Rede. Die christlichen Quellen enthalten nur einige Angaben über die Wieder- oder Neugeburt: Titus 3,5–7; Joh. 3.3–8, Mt. 19.28.

Der Mensch befindet sich in ständigem Wandel. Alle sieben Jahre sind seine Zellen völlig erneuert. Er aber durchlebt dieses Werden und Vergehen seines Leibes als der, der er ist. Über den Verbleib dieses Seins nach dem Absterben des Körpers gibt es derzeit keine gesicherten Kenntnisse. Es wäre aber denkbar, daß etwas ähnliches geschieht wie mit den Wassermolekülen einer Welle, die im Ozean untertaucht, bevor sie in anderer Form wieder aufsteigt.

Von vielen hochstehenden Menschen wie Pythagoras, Platon, Lessing, Schopenhauer, Goethe und Steiner ist bekannt, daß in ihnen ein Unvergänglichkeitsbewußtsein lebte, ohne daß sie jedoch in ihrem Wissen um die Seinsweise nach dem leiblichen Ende übereinstimmten. Wenn das Leben ein Immerwährendes ist, könnten empfängliche Menschen mit der Ewigkeit schon vor ihrem Tod vertraut werden und bräuchten nicht Vergänglichem nachzuhängen.

Zeitverschwendung

Woher soll sich ein Vielbeschäftigter die Zeit nehmen, um zweimal am Tag zwanzig Minuten zu meditieren, wobei nicht nur an Spitzenmanager mit lückenlosen Terminkalendern, sondern auch an Hausfrauen, Ärzte, Juristen und Schichtarbeiter gedacht ist?

Erhebungen haben ergeben, daß der Bundesbürger im Durchschnitt täglich 3¼ Stunden dem Unterhaltungsangebot von Ton, Bild und Text schenkt. Menschen, die dazu keine Muße mehr haben, verbringen möglicherweise zusammengenommen dieselbe Zeit mit Kranksein oder Sanatoriumsaufenthalten. Abgesehen von der erholsamen Pause dient die Meditation dazu, mehr vom Überzeitlichen erfüllt zu werden, »mit der Zeit die Zeit zu überwinden«, wie es Maharishi Mahesh Yogi ausgedrückt hat.

Durch früheres Zubettgehen können wir eher aufstehen und haben dadurch am Morgen mehr Spielraum verfügbar. Die Zeiteinteilung ist eine Frage der Rangstufe und Reihenfolge von Wichtigkeiten, die wir selbst mitbestimmen könnten.

Wir erfahren immer wieder, daß ein ausgeruhter und nicht verkrampfter Mensch in kürzerer Zeit mehr leisten kann als jemand, der vor lauter Zeitnot und Pausenlosigkeit – im Glauben an seine Unersetzbarkeit – Kraft und Übersicht verliert.

Was allein an Energie und Zeit damit verschwendet wird, die Gereiztheit unter Kontrolle zu halten oder umgekehrt, seine Launenhaftigkeit an den Mitmenschen auszulassen! Die zweimalige Erholungspause am Tag ist in Wirklichkeit kein Zeitverlust, sondern ein Zeitgewinn und eine Wohltat auch für die Mitmenschen. Regelmäßig zweimal am Tage allein und bewußt für sich in Stille zu sein, ist ein unbezahlbarer Beitrag zur Ordnung des ganzen Tagesgefüges. Der schweizerische Dichter Albert Thalhoff meinte einmal, wer glaubt, keine Zeit zum Meditieren zu haben, der hätte auch keine Zeit zum Lieben. Was aber ist ein Leben ohne Liebe?

Geheimniskrämerei

Wie läßt sich die Berufung auf die Wissenschaftlichkeit mit jenen Schleiern des Geheimnisses in Einklang bringen, die um das Mantra und die Form der Einführung in die Übungstechnik gebreitet werden?

In zahlreichen Büchern sind ungezählte Mantras wiedergegeben. Die Erfahrung hat jedoch gelehrt, daß die Aufzählung, Beschreibung und Kenntnis von Mantras keine erkennbare Auswirkung auf den Streßabbau oder Überwindung von Lebensmängeln hatte. Wollte man das Mantra wegen seiner beruhigenden, ordnenden, lebensfördernden Wirkung mit einem Heilmittel vergleichen, dann gilt für beide, daß sie in jedem Einzelfall besonders verschrieben und »eingenommen« werden müssen. Das Wie aber ist weder aus Büchern noch von Menschen zu erfahren, die nur allgemeines Wissen oder Unwissen darüber verbreiten.

Die in der T. M. üblichen Mantras sind begrifflich sinnfreie Klanggebilde, deren Schwingung dem Geist das Verlassen der bewegten Ebene des gegenständlichen Denkens erleichtert; denn andernfalls kommt es nicht zu einem ausreichenden Absinken der Aktivität, zu keiner vertieften Ruhe. Das Reden, Nachdenken, Mutmaßen über den Sinn, Inhalt, Zweck und Wirkung des Mantras würde nicht nur den Geist gerade wieder dort festhalten, wo er sich lösen möchte, sondern obendrein seine Unbefangenheit, Absichtslosigkeit, Unmittelbarkeit und Freiheit beeinträchtigen. Damit aber wäre der natürliche Ablauf des Versenkungsgeschehens ausgeschlossen und das Grundprinzip der T. M. mißachtet. Die Zurückhaltung bei Auskünften über Mantras hängt nur mit der Eigenart dieser Versenkungstechnik zusammen; sie dient allein der Trittsicherheit des Übenden und damit dem Erfolg. Die passenden Mantras werden von den Lehrern übermittelt. Das wäre nicht möglich, wenn es um den Selbstzweck einer Geheimhaltung ginge.

Ebenso wie jeder Kranke Pharmazie studieren könnte, um mehr über das »Geheimnis« seiner Arznei zu erfahren, kann jeder Meditant durch das Studium der Kreativen Intelligenz seinen Wissensdurst stillen.

Es ist ein alter Grundsatz jeden Unterrichts, schrittweise voranzugehen. Es wäre verfehlt, einen Anfangenden vorzeitig mit jenen Kenntnissen zu befrachten, die ihm im Verlauf seiner Schulausbildung von selbst zufallen. So besteht bei den Einführungsvorträgen eher die Gefahr, daß zuviel statt zu wenig gesagt wird.

Die besondere Form, mit welcher die erste Unterrichtsstunde eingeleitet wird, soll den Lehrer in die Lage versetzen, sein Bestmögliches zu geben, unabhängig von den

Einflüssen jeweiliger Umstände. Auch ein Künstler stimmt sich ein, bevor er mit dem Spiel beginnt. Selbst das Betreten der Bühne und der Abgang davon vollziehen sich in Formen, die zu einem geläufigen Ritual geworden sind, ohne daß jemand auf die Idee käme, deshalb die Wissenschaftlichkeit und mathematische Gesetzmäßigkeit der Musik in Zweifel zu ziehen.

Käufer richten sich im allgemeinen lieber nach der Ware als nach deren Verpackung. So weisen die Auskünfte über T. M. weniger auf den Schutzumschlag als vielmehr auf den Inhalt hin. Und doch bedarf dieses geistige Gut ebenso einer Hülle wie dies fürs Handhaben von flüssigen oder gasförmigen Stoffen erforderlich ist, damit sie ohne Wertverlust befördert oder aufbewahrt werden können.

T. M. wird nur in einer international genormten Schutzhülle vermittelt, um Einbuße, Mißbrauch oder Verfälschung zu vermeiden. Aus Gründen der Einheitlichkeit ist jeder Lehrer gehalten, dem durch die Jahrhunderte überlieferten Wissen nichts hinzuzufügen oder davon wegzulassen. Der Anfangende hat somit die Gewähr, daß er nicht mit einer Abart, sondern mit dem Original vertraut gemacht wird. Ohne diese unverzichtbare Schutzmaßnahme wäre ein einheitliches und soziales Betreuungsnetz zum Vorteil der Nutznießer gefährdet.

Die Lehrer sind verpflichtet, den ersten Unterricht in einer Form einzuleiten, die der Bewahrung des Inhalts zugute kommt. Dabei muß auch deutlich werden, daß sie dem Schüler gegenüber selbst keine Vorgesetzten oder Meister, sondern nur gleichrangige Gefährten sind, die lediglich mit ihrer Wegkenntnis dem anderen in aller Bescheidenheit behilflich sein möchten. Deshalb verneigt sich der Lehrende in Demut und Dankbarkeit vor einer altehrwürdigen Überlieferung, in deren Dienst er sich gestellt hat. Da sie aus Indien kam, lag es nahe, die dort gewachsene Form zu wählen und allgemein anzuwenden. Die Einheitlichkeit bietet außerdem den Vorteil, keinen bestimmten Lehrer oder Ort als den vermeintlich besten bevorzugen zu müssen; denn andernfalls könnten die Lehrstellen nicht gleichmäßig verteilt und bestmöglich ausgenützt werden.

Abneigung gegen Meditation

Wie erklärt sich, daß manche Mitmenschen von Meditation nichts wissen wollen und sich sogar heftig dagegen auflehnen, wenn davon die Rede ist?

Einige Menschen neigen dazu, weniger aus dem unmittelbar-persönlichen Eindruck der Wirklichkeit zu leben als vielmehr aus ihren eigenen oder fremden Vorstellungen darüber. Wenn diese aber unzutreffend sind, ist ein Fehlverhalten die unweigerliche Folge. In der Wissenschaft ist es üblich, nichts zu verwerfen, bevor es geprüft wurde. Ohne diese Gepflogenheit hätten Forscher nichts entdecken können.

Nicht alle Menschen aber sind darauf aus, etwas Neues kennenzulernen, zumal wenn sie befürchten, womöglich alte, relativ gesicherte Positionen dabei aufgeben zu müssen. Das noch Unbekannte mag bedrohlich erscheinen. Angst kann auch durch Angriff bewältigt werden, während das Vortäuschen kritischer Überlegenheit als Abwehrmechanismus des Nichtwissens gilt. So jedenfalls erklären Sachvertraute den gefühlsmäßigen, ängstlich-aggressiven Widerstand gegenüber der Meditation bei vielen Meditationsgegnern. Es kommt auch hinzu, daß sich einige abgestoßen fühlen durch das sonderbare Gehabe, das manche Anhänger von verschiedenen Meditationssekten an den Tag legen: Sei es nun deren herausfordernd zur Schau getragene Milde auf dem Hintergrund einer selbstgefälligen Überheblichkeit oder sei es eine kämpferische Unduldsamkeit, die sich in einem aufdringlichen Bekehrungseifer kundtut. Manche reizt auch ewiges Lächeln und Fröhlichtun.

Die Massenmedien tun ein übriges dazu dadurch, daß sie ihre berechtigte Kritik an einzelnen machtbesessenen Weltverbesserern und verantwortungslosen Rattenfängern auf jeden ausdehnen, dessen Verfahren von der Norm abweicht. Oft wird alles in einen Topf geworfen, was aus Indien kommt. Das mangelnde Unterscheidungsvermögen und die entwaffnende Ahnungslosigkeit von außenstehenden Berichtern oder vermeintlichen Sachkennern haben schon manchem durch Fehlinformation die Möglichkeit zu eigenen und erfolgreichen Schritten verbaut, durch die sie ihr Schicksal womöglich zum Besseren hätten wenden können.

Psychologie und Psychotherapie

Hat T. M. etwas mit Psychologie und Psychotherapie zu tun?

Die Psychologie ist die Wissenschaft vom Erleben und Verhalten des Menschen. Ihr geht es seit Sigmund Freud auch um das Aufspüren gewisser Gesetzmäßigkeiten, deren Kenntnis psychotherapeutisch angewendet werden soll. Es gibt Richtungen, die sich mehr der Erlebnisebene widmen und andere, die dem verstandesmäßigen Verarbeiten den Vorrang geben. Namhafte Psychologen vertreten die Ansicht, daß der Wiederanschluß des bewußten Menschen an seinen metaphysischen Grund das Ziel jeder großen Psychotherapie sein müßte. In der Abgetrenntheit davon sehen sie die Ursache allen Leidens.

Bei Psychologie und Psychotherapie liegt die Initiative beim Menschen, der seine Aufmerksamkeit den Teilerscheinungen zuwendet. In der T. M. ist die Initiative und das Zielstreben Sache der Natur selbst, die ganzheitlich wirkt. Die Psychotherapie will Einzelprobleme durch gedankliches Zergliedern der Inhalte bewußt machen und dadurch lösen. Die T. M. dagegen hält sich grundsätzlich nicht auf der Ebene von Denk- und Gefühlsinhalten auf, sondern transzendiert diese in Richtung der Stille, wo durch die Ruhe und ihren Frieden der heilsame Wandel eintritt.

T. M. und Psychologie dienen dem gleichen Ziel: durch mehr Ordnung, Harmonie und Leistungsfähigkeit das Leben des Menschen zumindest erfreulicher, erfüllter, sinnvoller, liebevoller und menschlicher werden zu lassen, wenn nicht sogar den bewußten Wiederanschluß an das eigene transzendentale Wesen, an das Unbedingte zu ermöglichen.

Yoga

Was ist der Unterschied zwischen Yoga und T. M.?

Das Wort Yoga hängt mit unserem Wort »Joch« zusammen. Wir könnten dabei sowohl an anjochen oder unterjochen denken, als auch an die Verbindung von zwei Zugtieren zur Gespanneinheit und Leistungsgemeinschaft. Als Yoga wird im Sanskrit jenes Bewußtseinsvermögen bezeichnet, das das Absolute und Relative nicht als Getrenntes, sondern als Zusammengehöriges zu schauen, zu verbinden und im Leben unmittelbar auszudrücken vermag. Es ist das Bewußtsein der Einheit von Kopf und Herz, Mensch und Mitwelt, Teil und Ganzheit. Die Wahrheit ist im Anfang und Ende, beide in Yoga vereint.

Alle Übungswege in Indien haben dieses Ziel im Auge. Die indische Philosophie stützt sich auf sechs Systeme, die wie Richtstrahler um ein Feld aufgestellt sind und dieses von ihrem Standpunkt aus beleuchten. Alle Strahlen treffen sich jedoch im Mittelpunkt.

Das vierte System heißt Yoga und ist der unmittelbaren Erfahrung gewidmet. Mit diesem System ist der Name des Weisen Patanjali verbunden, der eine Philosophie über den sogenannten acht-gliedrigen Pfad entwickelt hat. Nach Maharishi Mahesh Yogi wurde diese als eine Übungsanweisung mißverstanden, deren mühevolle Praxis das Yogabewußtsein zum Ergebnis haben sollte. Nicht das Nacheinander eines Stufenwegs war gemeint, sondern das zugleich beim Wachstum von Gliedern eines Ganzen, kraft der universalen Intelligenz des schöpferischen Ursprungs. Er ist das Bewirkende, nicht die Machenschaft. Das Verwechseln beider ist folgenschwer.

Die Glieder 3 und 4 des Yogasystems beziehen sich auf das Leibliche. Bei uns werden sie als Hatha-Yoga oder einfach Yoga bezeichnet. Herausgelöst aus ihrem ursprünglichen Bezugssystem ist aus ihnen etwas anderes geworden, dessen Wert hauptsächlich auf dem Gebiet der Gesundheitsgymnastik liegt. Die T. M. hat damit wegen der Verkehrung von Ursache und Wirkung – sowie der Ausgliederung aus dem Ganzheitsgefüge des Yoga – nichts zu tun.

Unter dem Sammelbegriff Yoga werden aber auch Übungswege schlechthin verstanden. Mit Übung hat T. M. zu tun, aber beim Weg scheiden sich die Geister.

Personenkult

Wird mit der Person des Maharishi ein Kult getrieben?

Maharishi Mahesh Yogi ist als Mönch der Shankara-Tradition einer Richtung verpflichtet, deren Augenmerk dem Überpersönlichen gewidmet ist. Die Verehrung und Liebe, die ihm zuteil wird, bezieht er deshalb nicht auf seine Person. Von seinen Mitarbeitern, Schülern und Besuchern wird er schlicht »Maharishi« angesprochen.

Auf die in Indien übliche Bezeichnung »Seine Heiligkeit« für Persönlichkeiten seiner geistigen Rangstufe legt er keinen Wert. Er kümmert sich nicht darum, ob in Anschreiben oder Schriftstücken diese Formalität angewandt wird oder nicht, auch nicht, ob Außenstehende ihn damit apostrophieren oder sonstige Vorstellungen damit verbinden.

Ein Mensch, der frei von allem »Nicht-Selbst« ist – sei es

Geld, Macht, Ehrgeiz, Luxus, Vergnügen, Sicherheitsstreben oder Anerkennung – erscheint dem Unwissenden verdächtig. Das aber ist nicht Sache des Verdächtigten.

Gefahren

Besteht die Möglichkeit, daß T. M. das seelische Gleichgewicht stört und womöglich sogar eine Geisteskrankheit zum Vorschein kommt?

Wenn es heißt, daß Meditation gefährlich sein kann, daß mit dem Auftreten von Dämonen, Teufelsgestalten oder Urmächten gerechnet werden muß – und deshalb die »Aufsicht« eines Lehrers unerläßlich ist –, dann sind vielleicht nur jene Methoden gemeint, bei denen mit Vorsatz, Willen und Gewalt gegen die Natur gearbeitet wird. Zu diesen Übungsweisen gehört die T. M. aber nicht. Bei ihr kommt es mit der Streßlösung zum natürlichen Freiwerden von psychischen Energien mit ähnlichem Entlastungseffekt wie vergleichsweise beim Träumen. Der Unterschied besteht darin, daß der Meditierende klarbewußt ist und sich wie ein Unbeteiligter im Abstand vom Geschehen befindet. Der in der Psychologie gefürchtete »Widersacher« erscheint deshalb nicht als bedrohlicher Feind, sondern allenfalls als dazugehöriger Mitspieler im Gegenfeld mit Signalfunktion. Wer sich an die Richtlinien des Lehrers hält und den Grundsatz beherzigt, sich nicht anzustrengen, befindet sich in der Obhut der Natur.

Wenn natürliche Ruhe bedenklich wäre, müßte vor dem Schlaf auch gewarnt werden, zumal hier der Mensch willenlos allen »Gefahren« ausgeliefert ist. Und doch geht aus der Stille das Heilsame hervor. Wenn wir aus Berichten amerikanischer Psychiater entnehmen, daß sich in einer dortigen Klinik die T. M. selbst bei schwer Gestörten als eine neue und hoffnungsvolle Therapie erwiesen hat, ist diese Übungsweise jedoch nicht als Heilverfahren anzusehen, sondern als Entspannungstechnik für geistig Normale. Wenn jeder Interessent vor Unterrichtsbeginn eine verbindliche Erklärung über seinen körperlichen und seelischen Zustand abgeben muß, so soll damit sichergestellt sein, daß niemand mit der Übungspraxis beginnt, der zuerst in die Hand eines Arztes gehört. Befindet er sich bereits in Behandlung, dann erfolgt der Unterricht nur mit dessen ausdrücklichem Einverständnis. Diese Vorsorgemaßnahme ist nicht wegen der Meditation erforderlich, sondern weil nur der Facharzt ausbildungsmäßig, zeitlich und räumlich für eine Betreuung von Kranken in Frage kommt. Angesichts einer Zahl von 1000000 jährlich psychiatrisch Behandelter in der Bundesrepublik und den 200000 in stationärer Obhut Befindlichen (Bericht der Deutschen Psychiatrischen Gesellschaft an den Bundestag im November 1975) sowie etwa 13000 Selbstmördern, muß mit einer sehr hohen Dunkelziffer psychisch Labiler gerechnet werden.

Sachverständige meinen, daß auch bei einem bisher völlig beschwerdefrei gewesenen Menschen Schübe von Geistesgestörtheit auftreten können, die nicht vorhersehbar sind. Wenn es dazu kommt, wird stets nach einem äußeren Grund gesucht. Wenn kein schuldiger Arzt gefunden werden kann, muß dann eben die Meditation herhalten. Schon deshalb muß sich die Organisation versagen, über das normale Maß hinausgehend Leidende und Gefährdete mit der Technik der T. M. vertraut zu machen.

Lebensweise

Muß man der T. M. zuliebe seine Lebensweise ändern? Nein! Niemand braucht seine Gewohnheiten aufzugeben, auf Liebgewonnenes verzichten. Da sich jedoch durch den Streßabbau die Physiologie verändert, verbessert sich auch der Gesundheitszustand, und mit ihm wächst der Instinkt für das Natürliche und Bekömmliche. Das beeinflußt die Ernährungsweise, der Geschmack am Rauchen vergeht, der Alkohol ist nicht mehr wichtig. Tabletten- und Drogensüchtige berichten von erstaunlichen Erfolgen der T. M.-Wirkung beim Freiwerden von Abhängigkeiten.

Der Physiker und Lebensforscher E. Schrödinger hat gefunden, daß lebendige Gebilde – im Gegensatz zu leblosen, die nach dem Gesetz der Entropie in zunehmende Ungeordnetheit bis zum Zerfall geraten – sich vervollkommnen, fortpflanzen, fortbestehen, weil ihnen das genetische Molekül DNS mit seiner quantenmechanisch geordneten Grundstruktur zugrunde liegt und weil sie sich durch Trinken und Essen laufend Geordnetheit ein»speisen«: Die Frische der Zufuhren bestimmt den jeweiligen Ordnungsgrad.

Autogenes Training

Worin unterscheiden sich Autogenes Training und T. M.?

Das Autogene Training ist ein von Prof. Dr. J. H. Schulz entwickeltes Verfahren der Selbsthypnose, mit dem man auf das vegetative Nervensystem einwirken kann. Demnach ist es eine Behandlungsmethode, die nicht ohne Arzt angewendet werden sollte. Die Selbsteinrede besteht aus einer formelhaften Vorsatzbildung, also einer gedanklichen Aktivität, die auf eine gewünschte Wirkung abzielt. Die Regie liegt in Händen des Übenden. Die T. M. ist keine Behandlungsmethode, sondern ein Versenkungsgeschehen. Das absichtliche Ausrichten des Geistes auf ein bestimmtes Ziel wäre wegen der damit verbundenen Aktivität und seiner naturwidrigen Einengung ein grundsätzlicher Fehler.

Die Regie geht von der Hand des Übenden in die der Natur über. Deshalb bedarf die Meditation ebensowenig der Aufsicht eines Arztes wie der Schlaf. Bereits nach vier Unterrichtsstunden kann der Anfänger den weiteren Weg auf seinen eigenen Füßen selbständig fortsetzen. Die T. M. gründet sich auf ein uraltes Erfahrungswissen. Mit der Wissenschaft der Kreativen Intelligenz ist deshalb die Möglichkeit verbunden, richtungsweisende Auskünfte über die menschliche Bewußtseinsentfaltung und ein erfüllendes Menschsein zu erhalten.

Passivität

Stimmt es, daß man durch T. M. teilnahmslos und antriebsschwach wird?

Man könnte dann ebenso fragen, ob der nächtliche Schlaf nicht Passivität zur Folge hat. Da das Leben rhythmische Bewegtheit ist, sich Aktivität und Nicht-Aktivität, Lösung und Spannung naturgesetzlich abwechseln, ist nicht einzusehen, warum ein Mensch lebensmatt werden soll, wenn er sich zweimal am Tage fünfzehn bis zwanzig Minuten tiefe Ruhe gönnt. Es mag Übungsweisen geben, die eine Abwendung von der Welt anstreben, weil deren Geschäftigkeit von Gott ablenken und deshalb für Einsiedler abträglich sein soll. Da die T. M. als eine Übungsweise für Berufstätige vorgesehen ist und ihre Technik sich vollkommen auf den ausgeglichenen Wechselrhythmus des Lebens einstellt, kann es von Natur aus nicht zu Weltflucht, Mattheit oder Stillstand kommen, solange keine Fehler gemacht werden. In allem, was über die T. M. ausgesagt wird, ist nie die Rede von Passivität, sondern lediglich von Ruhe oder Nicht-Aktivität als der Voraussetzung für ein erfolgreiches Handeln und Vorankommen. Innere Wachheit ist nicht Passivität, sondern ruhende Bereitschaft. Dieses Gewahrsein begleitet bei langjähriger Meditation alle Aktivitäten, die sich aus dem schöpferischen Grund naturgesetzlich erheben.

Wenn an die Zustände in Indien erinnert wird, so sollte man bedenken, daß dort durch Mißverständnisse der Überlieferung ähnlich fatale Folgen eingetreten sind, wie leider bei uns im Abendland. Die einseitige Überbewertung von Innenwelt dort und Außenwelt hier hat eine Verarmung eintreten lassen: in Indien ist es das äußere Elend und bei uns das innere. Auch setzen die klimatischen Verhältnisse dem Leistungsvermögen gewisse Grenzen.

In Indien ist es während einer langen Periode der Unselbständigkeit zu Veränderungen in der Gesellschaft gekommen, die für die heutigen Verhältnisse mitverantwortlich gemacht werden müssen. Soweit bekannt, war Indien früher ein reiches und blühendes Land, dessen vieltausendjährige Geschichte – im Gegensatz zur abendländischen – durch ein hohes Maß an äußerer und innerer Ordnung gekennzeichnet war. Noch heute spürt man den geistigen Atem Indiens durch alles Elend hindurch, wer dafür empfänglich ist.

Verfremdung

Die T. M. ist eine Technik, die aus Indien kommt. Besteht nicht die Gefahr, daß wir dadurch verfremdet werden?

T. M. ist ein Naturvorgang, durch den das Nervensystem tiefstmögliche Ruhe und das Bewußtsein absolute Stille im Zustand des Reinen Gewahrseins erfahren kann. Dabei handelt es sich um eine biologische Veranlagung, die neuro-physiologisch bedingt ist. Diese Bedingungen liegen bei jedem Menschen vor, einerlei in welchem Erdteil und Kulturkreis er sich befindet; andernfalls wäre das Einschlafen physiologisch in allen Ländern verschieden. Menschen haben weit mehr gemeinsam, als was sie voneinander unterscheidet. Da das Mantra ein Klang ohne inhaltliche Aufgabe ist, bietet es gerade die Gewähr dafür, bei keinem Bewußtseinsinhalt zu verweilen. Es ist ein Schwingungsgebilde, aber kein Sinnträger. Die Sorge vor einer vermeintlichen Fremdbeeinflussung durch eine harmonische Klangschwingung ist unbegründet. Andernfalls müßten fremde Namen, Sprachen und Musikstücke vermieden werden, von dem gesundheitsschädigenden Verkehrs- oder Fabriklärm ganz zu schweigen.

Wo Mantras in einen Zusammenhang mit Sinnbedeutung gebracht werden, handelt es sich um Spätformen der Versinnlichung des ursprünglich Sinnfreien, mit dem man nichts mehr anzufangen wußte, nachdem durch Mühen und Anstrengen kein Transzendenzerlebnis mehr möglich war. Das Einbeziehen begrifflicher Sinngehalte in die Praxis der T. M. stände im Gegensatz zu ihrem Übungsprinzip. Es kommt gerade darauf an, die Gedanken- und Gefühlsebene wegen ihrer Bewegtheit zu verlassen. Dort, wo keine Inhalte mehr vorliegen, kann es sich weder um eine indische noch um eine abendländische Situation handeln, sondern um eine höchstpersönliche und allgemein menschliche. Wo also soll der Fremdeinfluß herkommen?

Im Zustand »geringster Erregung« herrscht auch im Bewußtsein Ordnung, die von außen nicht gestört werden kann. Wo keine Bewegtheit, ist auch keine Ungeordnetheit. Ordnungsgewinn durch regelmäßige Ruhe festigt das Stehvermögen des eigenen Selbst. Wenn wir berücksichtigen, welcher Flut von Fremdeinflüssen und giftigen Stoffen wir ausgesetzt sind – von den verschiedenen Lehren nicht bodenständiger Herkunft ganz abgesehen –, dann müssen wir eine Übungsweise begrüßen, die zu einer Festigung unserer Selbständigkeit und Selbstbehauptung gegenüber aller Verfremdung beiträgt. Was im Zuge regelmäßiger Übungspraxis enthüllt wird, ist nicht ein fremdes, sondern das reine Selbst unserer eigenen Person.

Weiter soll die indische Philosophie die Auflösung des Ich in einem ewigen Sein zum Ziel haben. Wir Abendländer sind aber stolz auf unsere Ich-Kräfte. Würden wir diese verlieren?

Die T. M. hat mit dem, was uns über die verschiedenen indischen Philosophen in vielen Büchern mitgeteilt wird, sehr wenig zu tun. Sie ist eine Übungsweise, die sich nicht nach einem bestimmten Gedankentum, sondern nach der

Natur ausrichtet. Die Wirklichkeit der Natur kümmert sich ebenfalls nicht darum, was Menschen meinen, sondern sie verfährt kraft der Selbständigkeit, Unbeirrbarkeit und Allmächtigkeit einer höchsten, gesetzgeberischen Macht. Es gibt in Indien eine ähnliche Vielzahl von Auffassungen, Lehren und Auslegungen hinsichtlich des einzig Wahren, wie es in der christlichen Überlieferung auch der Fall ist. Deshalb geht man sicherer, sich an der eigenen Erfahrung zu orientieren statt an dem Wähnen anderer. Da sich die Übungsweise der T. M. nicht gegen irgendetwas richtet, auch nicht gegen das Ich, wird nur ein Werden begünstigt, das unserer menschlichen Mitgift entspricht. Durch die regelmäßige Übungspraxis wird deshalb die Selbständigkeit, Mündigkeit und Verwirklichung der Einzelpersönlichkeit entfaltet. Hier besitzt das Ich in seinem Wachzustand als der bewegte Diener des höheren Selbst eine entscheidende Aufgabe. Wie sollte es einen Fortschritt geben, wenn das handelnde Ich und seine Wünsche zum Verlöschen gebracht würden, bevor das Ziel erreicht ist? In dem Maße als der Mensch durch regelmäßige Versenkung mit seinem Innersten vertraut wird, kommt er zur Einsicht, daß nicht sein wechselhaftes Ich der Urheber und die Grundlage oder der Mittelpunkt seines Daseins ist, sondern die Kreative Intelligenz, die sich im oder als Selbst bemerkbar macht. Das Ich rückt in die Stellung ein, wo es seinem Auftrag als Handlungsgehilfe gerecht werden kann. In Wirklichkeit ist das Ich nur der eingeschränkte Aspekt des Selbst. Der Sinn einer der menschlichen Natur gemäßen Meditation erfüllt sich nicht im Rückfall auf eine vorgeschichtliche Entwicklungsstufe – was ohnehin nur ein lebensfernes Denkmodell wäre – sondern im Fortschreiten zur höchstmöglichen, vollkommenen.

Erfolg ohne Anstrengung

Wir sind in der Überzeugung erzogen worden, daß die Selbstverwirklichung eine schwierige, komplizierte, anstrengende und mühevolle Angelegenheit ist, die viel Verzicht und Ausdauer verlangt, aber vor allem ein gewisses Reifsein dafür. Ist der Verdacht gerechtfertigt, daß die T. M. mit ihrer Behauptung der Mühelosigkeit, Leichtigkeit und Einfachheit mehr verspricht als sie hält?

Das Aufspüren der Mühelosigkeit durch Maharishi Mahesh Yogi hat das Natürliche als die Kernkraft für den Übungsantrieb wiederentdeckt. Das Natürliche ist einfach, während nur das Komplizierte schwer sein kann. Wer alles selbst in die Hand nehmen oder machen will, der tut sich schwerer, als wenn er von einem schöpferischen Schwung getragen wird, bei dem alles wie von selbst geht. Wer krank ist, legt sich in der Gewißheit zu Bett, daß er durch Ruhe und Schlaf von selbst wieder in Ordnung kommt. Der Heilvorgang verlangt von ihm weder Mühe noch Anstrengung. Zu werden, der man ist, wird dann zu einer Unmöglichkeit, wenn es durch uns künstlich erzeugt werden sollte. Sobald sich aber das Selbst durch sich selbst verwirklicht, d. h. durch die Kraft des Schöpferischen in ihm, brauchen wir uns nur um die Ruhe zu kümmern und dafür zu sorgen, daß sie zustande kommt. Dann erfolgt der Abbau der Verspannungen ganz von selbst. Gibt es etwas Leichteres, als die Ruhe des Nicht-(selbst)Tuns? Manche Sachverständige behaupten allerdings, daß bei vielen Menschen die Fehlhaltungen derart eingefleischt, Denkbahnen so verlegt und das Nervensystem so verhärtet sein können, daß mit Mühelosigkeit nichts auszurichten ist. Aber gerade hier wirkt sich die Anwendung eines technischen Hilfsmittels als unentbehrliche Erleichterung aus. Und dies ist die Technik der Mühelosigkeit. Und warum soll der Segen der Ordnung in der Stille nur Menschen bekömmlich sein, die meinen, reifemäßig ohnehin schon sehr »weit« zu sein?

Ichbezogenheit

Können wir es verantworten, soviel Zeit der eigenen Person zu widmen, wenn die Welt voller Leiden ist und überall tatkräftige Hilfe vonnöten wäre?

Diese Frage stellen wir nicht, wenn wir abends zu Bett gehen, um einige Stunden ausschließlich für uns selbst zu verbringen. Auch wenn wir essen und atmen, tun wir das in erster Linie für uns selbst. Wenn wir uns nicht als selbstherrlichen Teil, sondern als dienende Zelle im Ganzen verstehen, dann kommt es auf die Gesundheit der einzelnen Zelle an, wenn das Ganze heil sein oder werden soll. Wie sollten wir einen bestmöglichen Beitrag für die Überwindung der Not leisten, wenn wir selbst in schlechter Verfassung sind? Der einzelne kann die Verhältnisse in der Welt nicht unmittelbar verändern, er kann aber durch regelmäßige Meditation seine eigene Lage verbessern. Wenn dies möglichst viele einzelne tun würden, dann könnte eine Überzahl geordneter Einzelwesen im Gesamtgefüge ein höheres Maß an Ordnung und Harmonie bewirken. Wer regelmäßig meditiert, hat die Aussicht, daß er an Klarheit, Kraft und innerer Festigkeit gewinnt. In einem derartigen Zustand könnte sein Beitrag für die Linderung der Nöte und Leiden in der Umwelt sehr wirksam werden. Keinem Meditierenden wird empfohlen, sich nur um sich selbst zu kümmern und seine Mitwelt zu vergessen. Andernfalls wäre es nicht zu der Verbreitung der T. M. in der ganzen Welt gekommen.

Bei sich beginnen, aber nicht bei sich enden;
Von sich ausgehen, aber nicht auf sich abzielen;
Sich erfassen, aber sich nicht mit sich befassen.
(Martin Buber)

Die Beziehung zum Selbst ist zugleich die Beziehung zum Mitmenschen, und keiner hat einen Zusammenhang mit diesem, er habe ihn denn zuvor mit sich selbst. (Carl Gustav Jung)

Wenn es im Zuge des Spannungsabbaues zu einem freieren Fließen der Herzströme kommt, dann sorgt die Naturkraft der Liebe dafür, daß die isolierende Ichbezogenheit einer erfüllenden Gemeinschaft mit dem Lebensganzen weicht. Eine vollkommene Umkehr der Lebens-Richtung tritt dabei von selbst ein; der Überfluß der Fülle strömt stets nach außen. Die leidvolle Einsamkeit der Vereinzelung wird vom Glückszustand des All-Eins-Seins ersetzt.

Sekte

Sind die Internationalen Gesellschaften der T. M. mit Sekten vergleichbar?

Als Sekte bezeichnet man kleinere religiöse Gemeinschaften. Wenn wir an das Wort Sektor oder Sektion denken, meinen wir jedenfalls keine Ganzheit. Eine Sekte ist ein Teilgebilde, das sich mit seinen religiösen Überzeugungen gegenüber dem Ganzen und seinem Übergewicht durchzusetzen sucht. Daraus erklärt sich, daß Sektierer manchmal etwas sonderlich, sendungsbewußt, rechthaberisch, unduldsam, eifernd und humorlos erscheinen.

Aufgabe der einzelnen T. M.-Gesellschaften ist es, sich auf die Bedürfnisse bestimmter Alters- und Berufsgruppen einzustellen. Dabei geht es nicht um das Verkünden religiöser Glaubenssätze, sondern um den praktischen Unterricht in einer Entspannungstechnik, der rein sachbezogen ist. Der Unterricht ist bestimmt von der Hochachtung vor der Einmaligkeit und Freiheit des Anfangenden. Das aber schließt den Versuch einer vorsätzlichen Beeinflussung im Sinne dieser oder jener Fremdmeinung aus, zumal es ohnehin nicht auf vorgeschriebene Denkinhalte, sondern auf ungeschriebene, eigenständige Erlebniswerte ankommt. Für das Versenkungsgeschehen und dessen Ergebnis ist es bedeutungslos, ob jemand auf den Füßen der eigenen oder einer fremden Erfahrung steht. Für eine weltweite Organisation, deren

Dienste jedermann unterschiedslos offensteht – die also nichts ausschließt, sondern alles einschließt –, trifft die Bezeichnung Sekte sicherlich nicht zu.

Jungbrunnen

Kann man durch T. M. jung bleiben?

Alter, Altern und Vergänglichkeit gehören zum Leben, dessen Eigenart Bewegtheit und Wandel ist. Wie aber soll etwas werden, sich entfalten, steigern und erfüllen, wenn nicht Vergängliches und Vergangenheit da wären, von deren Boden wir beim Fortschreiten ausgehen und dadurch beides hinter uns lassen könnten? Auf welches Ziel ist die Bewegung, das Altern des Lebens eingerichtet? Wenn es die Steigerung ist, dann gilt das auch für das Altern. Maharishi Mahesh Yogi bezeichnet deshalb das Alt- und Immer-Älter-Werden als wesentlich für das Erreichen des Bewußtseinsgipfels im Uraltsein. Das aber ist der Zustand des Unvergänglichen, schon immer Dagewesenen.

Wir verbinden mit Jugend die Vorstellung von etwas Ewigem während wir das Alter und Altern der Vergänglichkeit gleichsetzen.

Durch falsche Leitbilder, Fehleinschätzung und Unwissenheit – aber auch angesichts der leidvollen, teilweise jedoch seelisch bedingten Alterserscheinungen – ist es zu einer Abwertung des Alterns gekommen. Die Verkennung beruht teilweise darauf, daß der Mensch meinte, nur ein vergänglicher Leib zu sein, dessen Leben auf die Zeit zwischen Geburt und Tod begrenzt ist. Was aber meldet sich in uns mit dem Wunsch nach ewiger Jugend zu Wort? Es ist nicht die Jugend an sich, sondern das Ewige unseres vergessenen Selbst, das uns an das erinnern will, was wir eigentlich sind.

Wenn nun aber der Wunsch aufkommt, sich an Äußerem, Körperlichem, also unaufhaltsam Vergänglichem festzuhalten, dann tritt Verspannung ein, die das Fortschreiten zum

Bereich des Ewig Jungen blockiert. Leiden unter der Vergänglichkeit ist die Folge, statt Jubel über die Verheißung des Älterwerdens.

Hören wir auf die Stimme des Ewigen in uns, die Sehnsucht nach Jugend, dann müssen wir uns dorthin wenden, wo das Überzeitliche, Unvergängliche anzutreffen ist: in der Stille. Durch rhythmisches Hin- und Herwechseln zwischen ihr und nachfolgender Bewegtheit festigen wir in unserem Gewahrsein das ewige, immerwährende, alterslose Jungsein des Lebens.

> Aufgabe der T. M. ist es, im flüchtigen Augenblick das Ewige zu vergegenwärtigen, die entschwundene Vergangenheit im Jetzt als Unvergängliches zu bewahren, das Zeitliche in Überzeitliches umzuwandeln, das Sterbliche unsterblich zu machen. (Maharishi Mahesh Yogi)

Christentum und östliche Meditation

Wie erklärt sich die Warnung von einzelnen Geistlichen vor östlicher Meditation?

Nicht nur Geistliche der verschiedenen Bekenntnisse warnen vor östlichen Meditationswegen, sondern vor allem Maharishi Mahesh Yogi selbst, wenn diese mit Anstrengung oder dem Zwang verbunden sind, sich auf etwas zu konzentrieren.

Zunächst erhebt sich die Frage nach dem Grund der Besorgnis, daß es etwas Stärkeres als unseren christlichen Glauben geben könnte. Der bekannte Jesuitenpater und Zen-Meister Enomiya Lassalle führt diese Unsicherheit auf den Erlebnismangel zurück, der mit der Intellektualisierung der Glaubensinhalte zusammenhängt.

> Während der traditionelle Glaube immer mehr schwindet, kann man auf der tieferen Ebene ein großes Verlangen nach Gott beobachten, und das oft gerade bei Menschen, die … den inneren Kontakt mit der Kirche verloren haben.

Der Intellekt beschäftigt sich mit Gegenständen, die sich ihrer Natur gemäß außen oder an der Oberfläche befinden. Werden diese Gegenstände nach innen gebracht, dann tritt nicht eine Verinnerlichung des Äußeren, sondern eine Veräußerlichung des Inneren ein. Das kann zum Problem der gegenständlichen Meditationen und Glaubensübungen werden. Dem Erlebnismangel wollte der Pater durch vertiefte Einkehr, die übergegenständliche Meditation, abhelfen. Dabei stützte er sich nicht nur auf seine Erfahrungen in der Zen-Meditation, sondern auch auf die der christlichen Mystiker.

Die ursprünglichen christlichen Meditationswege weisen seit altersher einen Zug auf von der Vielfalt zur Einheit, von der Erscheinung zum Ursprung. Das Ziel war letztlich das Gewahrsein vom All-Einen oder All-Einigen. Für das abendländische Verständnis ist es aber schwierig, den vermeintlichen Gegensatz zwischen dem persönlichen und überpersönlichen Gott auf einen gemeinsamen Nenner zu bringen. Der Grund dafür mag am fehlenden Erfahrungswissen um die Möglichkeit eines Zugleich liegen oder an Vorschriften, die den Glauben »an« oder die Liebe »zu« etwas gebieten, wofür ein Zweites, ein Gegen=stand oder Gegenüber unabdingbar ist. Das Ziel der Liebe – ebenso wie das des Glaubens – ist das Auflösen des »Gegen« durch Einigung der Zweiheit. Liebe und Glauben als Seinszustand lassen das Gegenüber, das Unterschiedliche, die Mannigfaltigkeit nicht als etwas Besonderes und Abgetrenntes, sondern als etwas Zu- oder Angehöriges erleben. Halten wir uns die eigene Hand vor Augen, so werden wir nie auf die Idee kommen, daß dieses Gegenüber etwas von uns Abgetrenntes, nicht zu uns Gehöriges ist. Eine Familie empfindet sich trotz der Verschiedenheit ihrer Mitglieder als Einheit. Ein Baum steht trotz seiner vielen Äste als ein zusammengehöriges Ganzes außer Zweifel. Entsprechende Erfahrung in der Versenkung oder danach als Gefahr für den Christengott oder Jesus anzusehen, wäre unbegründet. Dasselbe gilt für die Sorge, daß allein schon die verschiedenen Bezeichnungen Gottes – gemäß dem verschiedenen Wahrnehmungsstand oder Erlebnisvermögen – dieser Urmacht etwas anhaben könnten. Würde Jesus nicht nur als einmalige geschichtliche Person angesehen, sondern auch als kosmische Wesensmöglichkeit und schöpferische Wirksamkeit erfahren, die als »Christus«-Anlage allen Menschen eingeboren ist – die entdeckt, geweckt und gelebt sein will –, dann würde ihre vielfältige Erscheinungsweise niemanden verunsichern.

In meines Vaters Haus sind viele Wohnungen. (Joh. 14.2)

Die eine Wahrheit erscheint nur in Vielfalt. Das gleiche gilt für die eine Liebe.

Die alten Griechen hatten dafür mehrere Ausdrücke: epithymia = leidenschaftliches Begehren; philia = freundschaftliche Verbundenheit; eros = seelische Anziehungskraft; agape = absichtlose, schenkende, unbedingte Liebe. Das Wort unbedingt deutet darauf hin, daß in dieser Höchstform der Liebe das Ding, der Gegenstand bis zu seinem unbedingten, uneingeschränkten Grundwert transzendiert wird, wo in der Wesenstiefe des Gegen–übers, des Du, nur das Eine, Ungeschiedene *ist:* der Ursprung. Das Du ist ebensowenig wie das Ich ausgelöscht, vielmehr sind beide aufgewertet und aufgesteigert zur Eintracht im Himmlischen. Nur in der Fläche gegenständlicher Gedanken gibt es unvereinbare Gegensätze, nicht aber in der Tiefendimension des Inneseins.

Auch wenn Jesus sich nie als Vater, sondern nur als Sohn erfahren hat, konnte er doch sagen:

Ich und der Vater sind eins. (Joh. 10.30)

In der Bibel ist auch von der Eben-Bildlichkeit, von der Vollkommenheit wie der Vater, von der Gotteskindschaft und Bruderschaft der Menschen die Rede – alles Hinweise auf eine Einheit bei aller Unterschiedlichkeit.

Wo allerdings die Eins des Ursprungs gedanklich entzweit wird, entsteht glaubensmäßig der Dualismus als das einzig Vorhandene. Dann muß es theoretisch zum Eigendasein eines Abgetrennten kommen, das sein vermeintlich eigenständiges Unwesen als Anti-Gott, Satan, asiatische Weltseele, Böses, Finsternis oder dämonische Urkraft treibt. Unvermeidlich tritt dann der Zwang hinzu, das unliebsame Gespinst unter Kontrolle zu halten und die eigene Meinung von der Wahrheit mit einem Schutzzaun zu versehen.

In 2. Mose 20.4 wird davor gewarnt, sich ein Bildnis Gottes zu machen, wozu auch ein etwaiges Gegen-Bildnis gehören dürfte. Demnach wäre es verfehlt, das Urgeheimnis Gott durch gegenständliches Denken erkennen, begreifen oder gar geographisch und geschichtlich begrenzen zu wollen.

> Je freier du von allen Vorstellungen und Bildern bist und je mehr nach innen gekehrt und vergessen, umso empfänglicher bist du für das Wirken des Lichts. (Meister Eckhart)

Mantra ist Klangschwingung wie die Lautsilbe eines Jodlers oder der Ton einer angeschlagenen Saite. Die Gesetzmäßigkeit der Schwingung und ihre Wirkung auf das menschliche Gehör ist allgemein gültig und unabhängig davon, welche Inhaltsbedeutung ihr unterstellt wird. Ist der menschliche Sinn nicht auf die inhaltliche Bedeutung, sondern auf die begrifflich inhaltslose Schwingung gerichtet, dann tritt mit deren Ausschwingen auch die Gegenstandslosigkeit allen Denkens ein, es kommt zu einer Ursprungserfahrung. Die in der T. M. benützten Mantras können ihren Dienst nur erfüllen, wenn sie gedanklich und bedeutungsmäßig sinnfrei bleiben. Man kann über sie nicht »meditieren«. Von diesem Sachverhalt nicht zu wissen, führt zwangsläufig zu bedauerlichen Mißverständnissen und obendrein zur Mißachtung der Grundgebote, nicht zu richten, zu bemängeln oder gar feindselig zu sein.

Die T. M. kann nur deshalb eine allgemeine, natürliche Versenkungsweise sein, weil der Übende alle Denkinhalte transzendiert. Andernfalls bliebe sein Bewußtsein mit vorgefertigten, selbsterzeugten oder einheitlich gebotenen Sinn=gebungen besetzt – so edel diese auch immer sein mögen –, und er würde nicht zum Reinen Gewahrsein gelangen. Jeder wirklich Interessierte könnte durch eigenes Erleben bestätigt finden, daß er durch T. M. weder in die Hände des Teufels noch in die Fänge eines asiatischen Götzen, auch nicht in die Abhängigkeit von einem Guru gerät, und daß es obendrein zu keiner Selbstauflösung »in der Stille des Indischen Ozeans« kommt. Der evangelische Geistliche Jörg Zink sagte jüngst:

> Wenn ein Mensch noch Feindbilder nötig hat, ist das Evangelium gewiß noch nicht wirklich in sein Herz gedrungen.

Die Sorge, daß ein zeitweiliges Freisein von Gedanken nur dem Christengott gefährlich werden kann, ist deshalb unbegründet, weil bekanntlich auch im Tiefschlaf für viele Stunden weder religiöse noch antireligiöse Gedanken auftreten. Und doch wachen wir am nächsten Morgen mit all unseren Überzeugungen auf, zu denen wir in der jeweiligen Kultur-, Alters- und Reifestufe gekommen sind. Warum sollte die Erfahrung des Reinen Gewahrseins bedenklich sein, ist es doch die natürliche Grundlage aller Gedanken und Gefühlsinhalte? Wen sonst sollten wir in der Stille antreffen können als unser eigenes Selbst in seinem ursprünglichen, reinen Wert?

Nicht alle Menschen, die an eine bereits erfolgte Erlösung glauben, empfinden sich als wirklich befreit von Schuld, Sünde, Ichsucht, Zweifel, Unglaube, Bosheit und Verspannung. Da die bisherigen Verfahren, froher, freier und zufriedener zu werden, nicht allgemein wirksam waren, verdient die neue Möglichkeit der T. M. eine wohlwollende Prüfung, zumal sie nicht in Konkurrenz mit dem Christentum oder anderen organisierten Religionen steht. Es handelt sich bei ihr um einen ganz anderen Aufgabenbereich und einen ganz anderen Weg.

In der T. M. geht es nicht um die Vermittlung vorgeschriebener Glaubensinhalte oder deren Auslegung, nicht um gute Worte und Werke oder das Erarbeiten einer Gotteswürdigkeit – auch nicht um die Beschäftigung mit Mängeln wie Sünde, Böses, Schuld, Angst, Leiden und Verdammnis. Es geht überhaupt nicht um Gedanken und ihre Inhalte aus der Welt alles Bedingten, Zweiten, Mangelhaften, sondern um das Reine Gewahrsein als Grundlage des Selbst-Seins. Was daraus folgt, ist nicht festgelegt.

Die T. M. richtet sich auf das Undenkbare, Ungeschriebene, Unbedingte, Formlose, Erste, das durch unmittelbares, subjektives Erleben ins Bewußtsein eindringt. Sie fußt auf dem Erfahrungswissen, daß nur durch das Vollkommene und Heile das Entzweite wieder ausgeheilt werden kann. Hier besteht die Übereinstimmung mit den Religionslehren, während die Schlußfolgerungen daraus verschieden und deshalb einander ergänzend sein mögen.

Im Zuge regelmäßiger Hinwendung zum Schöpferischen und beständigen Gehorsams entstehen mit der physiologischen Verwandlung günstige Voraussetzungen für ein unvermitteltes, geistiges Gewahrwerden des Originalen in einer persönlich durchaus verschiedenen Weise, die kulturhistorisch mitbedingt ist. Dabei kann es zu einer Gottinnigkeit kommen, deren Seligkeit als Freude, Frieden und Liebe erfahren wird. Hier tut sich fallweise die Wahrheit unversehens, unwillkürlich, aber absolut unmißverständlich kund. Hier ist Religion nicht mehr etwas neben dem Leben, sondern als elementare Rückverbindung *das* Leben selbst, in dem es auch gedanklich nichts mehr außerhalb der Gottheit gibt. Religionen sind auf das Vorhandensein einer Zweiheit angewiesen, die es zu einen gilt. Wo die Einigung eingetreten ist, hat die Religion ihren Sinn erfüllt und sich entbehrlich gemacht.

Die T. M.-Praxis dient vor allem auf der physiologischen Ebene dem Freiwerden des menschlichen Bewußtseins von Einschränkungen zugunsten des Gewahrwerdens der ungeteilten Ganzheit des Lebens. Insofern sollte sie nicht als Gegner, sondern als willkommener Helfer der Religionen angesehen werden.

Wissensmacht durch Sidhi-Kraft

In der Rig-Veda heißt es, daß das Urwissen, aus dem Schöpfung entsteht, als Information (Ein-formung) in die Mater des Bewußtseins eingeprägt ist. Deshalb gilt dort Wissen, Bewußtsein, Selbst und Sein als von gleicher Beschaffenheit.

Dem gestaltlosen ewigen Sein ist das ganze Wissen inne, das in der Schöpfung zum sinnvollen Ausdruck kommt und dessen Gesetzeskenntnis allem Geschehen zugrunde liegt. Das menschliche Bewußtsein – als zum Sein gehörig, wie die Luft innerhalb eines offenen Gefäßes zu der außen befindlichen – birgt in seinem Schoß den gestaltlosen Keim dieser schöpferischen Urwissenheit, in der alle Möglichkeiten der Schöpfung vorgesehen sind. Das erinnert an jenes unmanifestierte Elementarpartikelchen in einem physikalischen Grundzustand, dem alle Möglichkeiten der Erscheinungsweise vorsorglich eingegeben sind.

> Die Seele nämlich hat etwas in sich, ein Fünklein übersinnlicher Erkenntnis, das nimmer verlischt. Das sinnliche und verstandesmäßige Erkennen verbirgt uns jene Erkenntnis. (Meister Eckhart)

Maharishi Mahesh Yogi zieht hier einen Vergleich mit den Veden, jener Wissenheit im Sein, die von den Rishis (Sehern) erst geschaut und dann in hymnischer Verdichtung als Geschichte der Schöpfung aufgezeichnet wurde, was selbst ein Schöpfungsvorgang war. Die Rig-Veda – das erste Buch von vieren (Atharva-Veda, Sama-Veda, Yajur-Veda) – beginnt mit dem Wort AGNIM. Der Bedeutung nach ist dies der Same, der bereits das ganze Wissen um die Kraft und

Gesetzmäßigkeit der Schöpfung enthält. Somit war der Laut A im Anfang aller Dinge, ähnlich unserem »Wort« im Johannesevangelium. Das A birgt in sich die ganze Aussage der Veden, die sich gesetzesmäßig und folgerichtig in den nachfolgenden Silben, Worten, Versen, Abschnitten und Abteilungen symphonisch ergibt, die als Teile auch wieder den vollen Sinn enthalten. Das A wäre demnach physikalisch der unmanifestierte kleinste Energiekeim im Vakuumzustand der Schöpfung. Das A gewinnt Gestalt, wird Schöpfung, sobald es von einem Bewußtsein bemerkt wird. Aus dem uranfänglichen Allein-Sein ist eine Zweiheit geworden, die aus dem Beobachter und Beobachtungs»gegenstand« besteht. Damit ist Schwingung, Aktivität, Raum und Zeit ins Spiel gekommen, alles Kennzeichen von Schöpfung. Insofern wird nach Maharishi Mahesh Yogi die ganze Schöpfung des noch Ungeschaffenen im Bewußtsein des Menschen geboren – womit ihm auch die gesamte Machtfülle der Natur in die Wiege gelegt ist. Damit begründet Maharishi Mahesh Yogi seine These, daß deshalb auch jeder Mensch ausnahmslos seiner Anlage nach berufen und aufgerufen ist, sein Vermögen zu entwickeln und zu gebrauchen. Und weil es zur Natur des Menschen gehört, muß dies auch natürlich, also leicht möglich sein.

Wenn es darum geht, daß die Wissensmacht in Schöpferkraft umgesetzt wird, dann muß sich nach Maharishi Mahesh Yogi das Wissen zunächst selbst erkennen. Wissen heißt bewußt zu sein oder Bewußtsein zu besitzen – das aber sind wir selbst, unser Selbst. Die Eigenschaft dieses Selbst ist Bewußtsein. Deshalb ist das Bewußtsein oder Selbst der »Sitz alles Wissens«, das »Heim aller Naturgesetze« oder – wie man auch sagen könnte – der Hort aller Macht und der Born aller schöpferischen Kraft.

Schon immer waren Menschen bemüht, die Macht der Natur in ihren Dienst zu stellen. Was die Außenwelt betrifft, haben sie unglaublichen Erfolg erzielt, man möchte fast sagen Vollmacht erreicht. Das war ihnen aber nur dadurch möglich, daß sie der Natur auf den einfachsten Grund, den Quanten-Vakuumzustand, gegangen und hier auf Eigenschaften und Gesetzmäßigkeiten gestoßen sind, deren Kenntnis die Voraussetzung für den erfolgreichen Umgang damit war. Was dieser Zustand in der Physik ist, wird im Bereich des Bewußtseins in den Veden als AKSHARA (das Sanskrit verfügt über Fachbezeichnungen auf dem Gebiet des seelischen, körperlichen und geistigen Lebens in allen nur erdenklichen Abstufungen, für die es in unserer Sprache keine Ausdrucksmöglichkeit gibt) bezeichnet, das Unveränderliche, ewig Ruhende und doch alle Grundimpulse der Kreativen Intelligenz, alle Möglichkeiten dynamischer Entfaltung, alle Gesetzmäßigkeiten enthaltend, die alles mit allem verbinden. Hier auf dieser Bewußtseinsebene findet Schöpfung statt, gemäß dem zuvor geschilderten Agni-Vorgang. Hier in diesem einfachsten und vollkommensten Zustand unseres Bewußtseins ist das ruhende Gewahrsein. Hier ist das Wissen und die Macht unbegrenzt. Deshalb kommt es darauf an, durch Aus-ruhen und die Ruhe-bewahren zu sich selbst, zu seinem uneingeschränkten Reinen Gewahrsein zu gelangen, um von hier aus ordnungsgemäß unmittelbar schöpferisch handeln zu können. Würde jeder Mensch beständig aus dieser Ruhe heraus leben, dann würde die vollkommene Ordnung der Harmonie von sich aus dafür sorgen können, daß Reibungen, Konflikte, Probleme und Leiden unter den Menschen ausbleiben.

Das Individuum – das nicht mehr Teilbare – ist die kleinste Ordnungszelle im Gesellschaftsganzen, die alle Möglichkeiten ganzheitlicher Entfaltung in sich trägt. Vom Bewußtsein des einzelnen ausgehend, will Maharishi Mahesh Yogi die »Ideale Gesellschaft« verwirklichen. Ebensowenig wie eine einzelne Schwalbe den Frühling machen kann, entsteht ein Zeitalter der Erleuchtung durch einen einzelnen Menschen. Der einzelne aber kann nicht ohne die vielen sein. Deshalb hat Maharishi Mahesh Yogi die Gesellschaft im Auge. Das unterscheidet ihn von anderen Persönlichkeiten seines Ranges, die ihre Aufmerksamkeit mehr der Einzelperson geschenkt hatten. Gewisse Anzeichen sprechen dafür, daß von nur 1 % Meditierender in der Bevölkerung ein ordnender Einfluß auf die Gesamtgesellschaft ausgeht, was sich an vielen Orten in den einschlägigen Statistiken abzeichnet. Deshalb legt Maharishi Mahesh Yogi größten Nachdruck darauf, daß durch seine »1 %-Kampagne« möglichst rasch überall in der Welt wenigstens die für die Gesamtharmonie erforderliche Mindestzahl Meditierender erreicht wird.

Erst die Erleuchtung erlaubt das fehlerfreie Handeln, während in der Finsternis die Konflikte mit den Mitmenschen und die Probleme mit der Umwelt fortbestehen. Unordnung und Krankheit können nur im Einklang mit den Gesetzen der Natur, nicht im Gegensatz dazu überwunden oder besser vermieden werden; denn wie sonst sollte man von ihrer wissenden Macht unterstützt werden?

Das Vollkommenheitsideal des Menschen ist von alters her ein Ziel, das in der Antike ganz besonders, aber auch in späteren Zeiten, in vielen Werken der großen Meister unvergänglichen Ausdruck fand. Gott selbst ist der größte Idealist, unternimmt er doch mit jedem geborenen Kind einen neuen Versuch, den vollkommenen Menschen und eine heile Gesellschaft zu schaffen – im festen Vertrauen darauf, daß dieser Mensch vielleicht doch einmal auf die Idee kommen könnte, von seiner Mitgift, der Vollmacht des Bewußtseins, Gebrauch zu machen. Denken wir an die Aufforderung Jesu, vollkommen zu sein, wie der Vater im Himmel vollkommen ist, oder an seine unfaßliche Behauptung, daß alles dem möglich sei, der glaubt, der im Urvertrauen ruht, dessen Gewahrsein dem Urgrund alles Seins voll geöffnet ist – dann fragen wir uns, warum wir eigentlich immer noch auf die Wirklichkeit warten? Wir wußten nicht, wie der Grundzustand des Bewußtseins als Zugang zu allem Vermögen und Wissen freigelegt wird. Ebenso wie in der Naturwissenschaft die Technik hinzutreten mußte, um das Wissen auszunutzen und anwenden zu können, ist dies für das Entstehen einer »Idealen Gesellschaft« auf dem Gebiet des menschlichen Bewußtseins unerläßlich. Hier ist die Technik die T.M., mittels derer über die Ruhe das Nervensystem gereinigt und von Streßblockaden befreit wird. Dadurch kommt es zu einem dauerhaften Zustand in der Physiologie, der das Bewußtsein zum geeigneten Informationsträger allen Wissens macht und den Menschen in die Lage versetzt, als Bevollmächtigter und Machtinhaber aller schöpferischen Möglichkeiten meisterhaft zu handeln. Wissensmacht und Schöpferkraft sind der ruhende und bewegte Aspekt ein und derselben Ganzheit.

> Wirkliche Meisterschaft besitzen wir nur, wenn wir unsere eigene Natur, unser Selbst meistern können. Das verhilft uns zur Meisterung der ganzen Natur, so daß sie unsere Wünsche alle erfüllt. Dabei geht es nicht darum, Energie zu nutzen oder Aktivität zu erzeugen, sondern um das Vermögen, mit der eigenen Natur, unserem Selbst umzugehen. (Maharishi Mahesh Yogi)

Von dieser Ebene aller Möglichkeiten aus läßt Maharishi Mahesh Yogi die Regeln der Yoga-Sutras (Yoga = Einheitsbewußtsein; Sutra = Faden, Leitfaden) des Patanjali anwenden. Die Fähigkeit oder Kraft hierzu wird SIDHI genannt. Sie ist imstande, Erstaunliches zu bewirken. Sidhi heißt auf Sanskrit Vollkommenheit; SIDHA der Vollkommene. Tatsächlich sind die Sidhis Vervollkommner, die den gesunden, heilen, ganzen, vollkommenen Menschen dadurch verwirklichen helfen, daß sie sein volles Bewußtsein entfalten; darauf weist auch die Bezeichnung YOGA hin, was Bewußtsein der Einheit bedeutet.

Patanjali unterscheidet zwischen gegenständlich feststellbaren Wirkungen (Levitation, Schweben oder Fliegen, Unsichtbarwerden, Riesenkräfte entfalten etc.) und solchen der inneren Erfahrung (Hellsehen, Verborgenes schauen, Vergangenheits- und Zukunftswissen, intuitives Erkennen von Menschen oder Zusammenhängen der Sternkonstellationen oder Körperfunktionen sowie das Verstehen von Tierstimmen und Fremdsprachen etc.). Hinzu tritt die Fähigkeit der Schmerzunempfindlichkeit, Überwindung von Hunger und Durst, aber vor allem das Entfalten von Tugenden wie Herzlichkeit und Güte u. dgl.

Aus den Mythen, Sagen, Märchen und heiligen Schriften wissen wir, daß es schon immer Menschen gegeben hat, die Wunder vollbringen konnten. Es gibt eine umfangreiche und beliebte Literatur, die in Berichten genau beschreibt, was sich auf dem Gebiet der übernatürlichen Kräfte, supranormalen Fähigkeiten und PSI-Phänomene überall in allen Zeiten bis auf den heutigen Tag ereignet hat. Aber die einschlägige Forschung hat noch nicht Auskunft darüber erteilen können, wie derartige Erscheinungen zustande kommen oder gar selbst entwickelt werden – geschweige denn, welche Gesetzmäßigkeiten in ihnen wirken. So blieben diese Erscheinungen für uns bislang ausschließlich Sache von Genies, Medien oder Ausnahmemenschen – sofern sie nicht überhaupt in die Abteilung Aberglauben, Betrug oder schlechthin Fantasie eingeordnet worden sind.

Diesen ganzen Vorhang hat nun Maharishi Mahesh Yogi beiseite geschoben und sowohl dem Aberglauben als auch dem Nichtwissen den Boden entzogen. Als überhaupt erster begann er im Sommer 1975 mit einer Serie von Großversuchen, für welche er wechselnde Gruppen von T. M.-Lehrern heranzog, um die Brauchbarkeit der Yoga-Sutras von Patanjali für die Allgemeinheit zu erproben. Die dabei erzielten Ergebnisse waren ebenso erfolgreich wie verblüffend. Sie haben alles Erwartete weit übertroffen. Damit konnte Maharishi Mahesh Yogi nachweisen, daß die fraglichen Kräfte etwas ebenso Natürliches wie Allgemeines sind, das zur Grundausstattung jedes Menschen gehört – ebenso wie dies für die Fähigkeit der Sprache oder des Musizierens einschließlich deren ganzer Gesetzmäßigkeit gilt. Der Beweis ergab sich einfach daraus, daß es für die Lehrgangsteilnehmer leicht und mühelos war, die Techniken erfolgreich anzuwenden, so daß die fraglichen Wirkungen unversehens eintraten. Das allerdings muß auch der durch die T. M.-Praxis entwickelten Fähigkeit des Transzendierens durch Natürlichkeit, Unbefangensein, Mühelosigkeit und Geschehenlassen zugeschrieben werden. Es ist Maharishi Mahesh Yogi zu verdanken, daß er die Yoga-Sutras von allen anstrengenden Verfremdungen befreit, ihre Zerteilung in Einzelstufen beendet und ihren natürlichen Kern wiederentdeckt hat. Anders wären sie für die Allgemeinheit unanwendbar und für die Gesundung der Gesellschaft bedeutungslos geblieben. Die Erfolge in den Versuchsgruppen waren so ermutigend, daß schon Sidhi-Kurse angelaufen sind, an denen jeder Interessent teilnehmen kann, der länger als 6 Monate regelmäßig meditiert hat und außerdem mindestens einen Wochenendkurs nachweisen kann. Auskünfte erteilen die Weltplan-Center. Hier spricht man offiziell von »T.M.-Sidhi«.

Bei den T.M.-Sidhi-Programmen geht es ausschließlich um die eigene Erfahrung. Auskünfte beziehen sie nur auf die Technik der Anwendung. Auch dienen die Übungen nicht vorrangig der Erzeugung von nur einzelnen Erscheinungen, sondern sie zielen eindeutig auf das Ganze, das erleuchtete Bewußtsein ab. Die Außenergebnisse und die Innenwirkung sind ein Zusammengehöriges, eine unzertrennliche Funktionseinheit. Maharishi Mahesh Yogi sagt dazu folgendes:

> Die Praxis der Sidhis erzeugt nachweisbar zugleich wohltuende Wirkungen auf der Bewußtseinsebene wie im Bereich der Physiologie und Umwelt. Die Sidhis sind der Prüfstein für das Wachstum der Erleuchtung. Mit zunehmender Erleuchtung nimmt auch die Fähigkeit ganz von selbst zu, Sidhis hervorzubringen. Es ist unmöglich, die Sidhis von der Entfaltung der Erleuchtung abzutrennen. Sie kann so lange nicht als vollkommen bezeichnet werden, als die vollständige Meisterschaft der Sidhis fehlt.

Die Yoga Sutras des Patanjali sind ohne den Beistand eines mit transzendierender Versenkungsweise vertrauten Meisters nicht zu verstehen, geschweige denn zu befolgen. Die Sutras sind deshalb keine Lektüre, sondern Leitfaden zur Bewußtseinsbildung auf Grund eigener Erfahrung. Das Wissen aus Büchern bleibt solange unwesentlich, als es nicht in persönliches Leben umgesetzt wird. Wer nicht auf dem Erfahrungsboden des Transzendierens steht, wessen Physiologie wegen mangelnder Vorbereitung nicht in Ordnung ist, wer nicht aus der Stille handeln kann, für den ist die Anwendung der Yoga-Sutras als gliedhafte Ganzheit noch nicht an der Zeit. Ihm hilft es nicht, von der Fernsicht auf den Gipfel zu erfahren, wenn der Aufstieg dorthin nicht in Gang kommt oder die Ausrüstung dazu fehlt. Die Kunst und Meisterschaft des Lebens erringt, wer praktisch übt. Übung ist die Weise, auf welche totes Wissen in lebendige Kunst, in Leben umgewandelt wird.

Das Wissen des Maharishi Mahesh Yogi ist das ebenfalls in jedem menschlichen Bewußtsein Ruhende, als etwas ewiglich Eingeformtes. Erst durch Erregung taucht es aus seiner Verborgenheit auf und wird dadurch zu etwas Bewußtem, Gewußtem. Maharishi Mahesh Yogi hat wiederholt darauf hingewiesen, daß es seine Schüler waren – eine vormals noch nie dagewesene Zahl –, die durch ihre Fragen das Wissen aus ihm hervorgerufen haben (für dessen Abrufbarkeit allerdings Guru Dev die Voraussetzungen bewirkt hatte). Der Ausdruck hatte ihn dann oft selbst überrascht. Deshalb sind seine Auskünfte von den augenblicklichen und lebendigen Bedürfnissen suchender und fragender Menschen bestimmt, die woanders keine befriedigende Antwort erhalten konnten. Es sind nicht aufgespeicherte, vorbereitete, ausgearbeitete Gedankenkonserven, deren Anhören meistens Schläfrigkeit bewirkt. Was nicht gefragt ist, kommt nicht zum Vorschein. Nie hat er anders als aus dem lebendigen Eindruck des Augenblicks, aus dem Anruf heraus unmittelbar geantwortet. So ersparte er sich alle Konzepte für Vortragsreden und damit viel Zeit, ohne die er andernfalls sein gewaltiges Arbeitspensum nie hätte bewältigen können.

Ähnlich ist auch das Sidhi-Programm aus den Anforderungen der Mitmenschen, als das Gebot der Stunde hervorgegangen. Als sich die Fragen seiner Schüler mehrten, wie denn die durch die Meditationspraxis gewonnene Stille stärker belebt werden könne, empfand er dieses Bohren als Zeichen fortgeschrittener Bewußtseinsreinheit, die Anlaß zum Weitergehen waren. Sehr maßgeblich für ihn war dabei der Eindruck, daß sich durch die ständig gewachsene Zahl von Meditierenden das allgemeine Bewußtsein merklich aufgeklärt und damit auch das Wissen reiner gezeigt hatte. Dieser Sachverhalt beantwortet die Frage, warum er mit dem Programm der T.M.-Sidhis nicht früher begonnen habe. Es erübrigt sich aber auch das Eingehen auf den Irrtum, daß die T. M. nur eine Sache allerersten Anfangens sei, nicht aber Möglichkeiten für Fortgeschrittene bieten könne.

Wie aber kommen die Sidhi-Wirkungen zustande? Wir

verdanken der vedischen Literatur Hinweise über den Zusammenhang von »Name« und »Form«, Idee und Wirklichkeit. Nach diesen Auskünften ruft der Name die Form aus dem Formlosen hervor. Umgekehrt läßt sich von der Form aus die Idee, der Name schauen. Dieser Sachverhalt liegt den Übungswegen zugrunde, die von außen nach innen vordringen möchten. Aus aus biblischen Quellen wissen wir von dieser Wechselbeziehung und natürlich auch durch unsere Dichter und Denker. Letztlich erhalten alle unsere Namen nur auf diesem Hintergrund Sinn und Bildekraft. Nicht umsonst tragen so viele Menschen die Namen von Heiligen oder Vorbildern. Name und Form sind eine Ganzheit. Darauf dürfte sich die ganze Kunst und vor allem aber die der Musik gründen.

Wird nun vom Eingeübten, dessen Gewahrsein auf der Entstehungsebene aller Möglichkeiten »in Yoga gefestigt« ist, der »Name« als gedachter Impuls in die mit allem Vermögen aufgeladene kreative Ursprungsebene des ruhenden Bewußtseins eingespeist, dann tritt die »Form« als das gewünschte Ergebnis hervor – einem unerschöpflichen Automaten vergleichbar, der nach dem Einwurf einer Münze sogleich das Verlangte auswirft. Auf Falschgeld allerdings erfolgt Fehlanzeige. Wünsche aus einem ungeordneten, nicht harmonisierten Geist-Körper-Zustand befinden sich nicht im Einklang mit dem reinen Wissen oder der Kreativen Intelligenz und der Gesetzmäßigkeit, nach der die Evolution verläuft. Sie sind buchstäblich ohnmächtig, abgesehen davon, daß sie wegen zu hoher Aktivität mit den Feinstschwingungen der Grundebene nicht synchronisierbar sind.

> Bittet, so wird euch gegeben; suchet, so werdet ihr finden; klopfet an, so wird euch aufgetan. Denn wer da bittet, der empfängt; und wer da suchet, der findet; und wer da anklopfet, dem wird aufgetan.
>
> Welcher ist unter euch Menschen, so ihn sein Sohn bittet

ums Brot, der ihm einen Stein biete? So nun ihr, die ihr doch arm seid, könnet dennoch euren Kindern gute Gaben geben, wieviel mehr wird euer Vater im Himmel Gutes geben denen, die ihn bitten. (Mt. 7,7–11)

Wenn Bitten und Anklopfen ergebnislos bleiben, kann das nur daran liegen, daß bestimmte Voraussetzungen fehlen. Die Gnade als solche ist ja jederzeit in Aktionsbereitschaft – eben als die schöpferische Wirksamkeit schlechthin, die unverlierbar auch in unsere Leibhaftigkeit eingepflanzt ist. Diese Tatsache allein ist eine unsagbare Gnade. Wenn das Nervensystem sich in einem Zustand befindet, der dem Geist nicht erlaubt, im Ursprungsbereich der Stille anzuklopfen und wenn er nicht geübt ist, dort überhaupt noch klar tätig zu sein, kann auch mit inständigem Flehen nichts erreicht werden.

In unserem Falle ist die Vorschaltung der T. M.-Praxis die Voraussetzung dafür, daß auf der fraglichen Ebene die Yoga-Sutras des Patanjali erfolgreich angewendet werden können. Durch die T. M.-Praxis wird der Aktivitätspegel, von dem aus bewußt gehandelt werden kann, immer mehr abgesenkt. Letztlich befindet er sich dauerhaft so in der Nähe der empfindsamen Ursprungsebene aller noch ruhenden Möglichkeiten, daß von seinem Standort aus das Unbewegte erregt und in Schwingung versetzt werden kann. Der Versuch, das von einer gröberen Ebene aus – gleichermaßen von der Gefühls- oder Denkebene aus zu tun – wie es in anderen Methoden geschieht – erweist sich im allgemeinen als wirkungslos, sieht man von flüchtigen Gemütswallungen ab. Andernfalls wären die Sidhis schon längst zum Volkssport geworden. Die Sidhis sind der Prüfstein fürs Transzendieren, und das Transzendieren ist der Maßstab für den Wert einer geistigen Übung.

Geht es in der T. M.-Praxis zunächst darum, den Körper

und das Nervensystem durch Ruhe in eine gesunde Verfassung zu bringen, um überhaupt zu reinem Gewahrsein zu kommen (wie sonst könnte in den Feinstbereichen der Tiefe eine Erregung erzeugt werden?), so wirkt bei den T. M.-Sidhis der Geist durch seine Schwingung deutlich spürbar sehr intensiv auf die Physiologie ein. Damit wird diese zum geeigneten Träger selbst der höchsten Bewußtseinsstufe. Darin besteht die Bedeutung und der Wert der Sidhis – nicht in der Erzielung von Sonderfähigkeiten. Ein Gärtner hätte seinen Beruf verfehlt, wollte er nur einzelne Zweige oder Blätter eines Apfelbaumes kultivieren, statt den ganzen Baum durch Gießen zum Früchtetragen zu veranlassen. Die Sidhis gleichen Brücken, auf denen man nicht stehenbleibt, wie Meister Eckart feststellte. Sie werden vergessen, sobald sie überschritten sind. Eine indische Weisheit besagt, daß man bei nichts verweilen soll, das weniger als das Vollkommene ist.

> Das reine Wissen ist viel anziehender. Der Zustand des Selbst, das reines Wissen ist, erfüllt wahrhaftig viel mehr, als irgendeine Erscheinung, die darauf zurückzuführen ist. Sobald wir auf einer erfreulichen Ebene angelangt sind, kümmern wir uns nicht mehr um Nebenerscheinungen.
> (Maharishi Mahesh Yogi)

Bekanntlich können auch Einbildungen zu Erscheinungen führen, die vom Betreffenden für wahr gehalten werden. Vom autogenen Training wissen wir, daß durch Selbsteinrede sogar therapeutische Wirkungen und gewisse Veränderungen in der Physiologie erzielt werden können. Bei den Sidhis jedoch erfolgt die Erregung der Ursprungsebene im feinstmöglichen Bereich, weshalb die Auswirkungen sich schon allein durch ihre Intensität beträchtlich von Imaginationen oder Hypnoseergebnissen unterscheiden. Außerdem hört die Kraft der Einbildung spätestens dort auf, wo es um meßbare, sichtbare Ergebnisse geht – wie beim Abheben oder Unsichtbarwerden – ganz abgesehen von der Beweiskraft der physiologischen Messungen, die in großem Stil bei den Versuchsgruppen vorgenommen wurden.

Ich saß auf einer Couch und meditierte. Ich bemerkte einen gewaltigen Strom von Energie, der mich durchfloß. Gleichzeitig hatte ich das Empfinden, als ob mein Rückgrat und Brustkorb als reines Licht irgendwo in der Luft Gestalt annahmen. Dann bewegte sich mein Körper etwa dreimal auf und nieder. Die nächste Erfahrung war, wie ich die Berührung des Bodens durch meinen Körper hörte. Ich sage »hören«, weil ich nichts anderes bemerkte. Ich tupfte auf, sehr, sehr sanft. Es bestand sehr wenig Kontaktgefühl. Ich bewegte mich damals etwa 2 m.
(Cheril Thompsen, USA)

Einmal, als das Transzendieren unglaublich stark war, hatte ich buchstäblich das Gefühl, durch die Luft zu fliegen. Ich stieg auf, meine Beine baumelten unter mir, und dann setzte ich sehr sanft mit gekreuzten Beinen in einer Entfernung von 2 m auf. Als ich mich umsah, war ich bestürzt, wie weit ich gekommen war. Es war so leicht.
(Marcy Kipnis, USA)

Dem legendären Schweben durch die Lüfte – das auch Patanjali in seinen über 50 Beispielen erwähnt – geht die Levitation voraus, die sich ihrerseits aus einem raumgewinnenden Abheben und Wiederaufsetzen entwickelt, so wie es in den vorerwähnten Fällen beschrieben wurde. Deshalb wohl wird in den Berichten auch von einem Hopsen gesprochen. Der Ausübende gelangt aus einem zuvor eingetretenen Zustand geringster Anregung in einen der höchsten Angeregtheit, nachdem er die einschlägige Sidhi-Formel richtig angewendet hat. Dieser Vorgang ist buchstäblich ur-sprünglich – also spontan und schöpferisch –, weil er aus der Stille als dem Urzustand hervor-springt, weil aus dem Formlosen die Form heraustritt. Heraustreten kann – wie alles schöpferische Tun – als eine Art Ekstase bezeichnet werden, wobei der Wortsinn eigentlich das Überschreiten der Ichgrenzen – also eine Befreiung – meint. Allerdings wird in der uns geläufigen Ekstase das Selbst und die Reinheit seines Gewahrseins von der Bewegtheit des Erregungszustandes überwältigt und dadurch sich entfremdet, was in unserem Beispiel nicht der Fall ist. Hier ist die Be-wahrung des unverfälschten, freien Bewußtseins gerade die Voraussetzung für seine Höchstentfaltung, unabhängig vom Grad der Ruhe oder Aktivität. Das Gewahrsein umschließt hier beide Gegenwerte und verbindet sie unmittelbar und nahtlos zur Einheit. Deshalb wird vom Einheitsbewußtsein als der höchsten Stufe gesprochen. Wir haben hier den Beweis für den Aktionsbereich des Nervensystems, der von der Stille bis zur höchsten Bewegtheit reicht und der sich im Bewußtsein als Uneingeschränktheit oder Erleuchtung spiegelt. Wir haben aber auch das Anschauungsbeispiel für die beiden Grundsätze der Bhagavad-Gita, in welchen die Wissenheit der Veden in die Praxis übergeht: Gelange zunächst zur Stille, um aus der Einheit mit ihr (Yoga) – kraft ihrer Wissensmacht – alles mögliche ordnungsgemäß, fehlerfrei und daher erfolgreich verwirklichen zu können – wie ein unbemannter Flugkörper, der durch Computer gesteuert wird. Ist allerdings seine Elektronik nicht in Ordnung und hapert es an der Verbindung mit den Steuermechanismen, dann gibt es kein Abheben, Fliegen oder Erreichen des Ziels. Ist das menschliche Nervensystem ungeordnet und fehlt die vollständige Vermählung zwischen Geist und Körper, dann ist alle Mühe zu fliegen vergebens. Aber die regelmäßige Übung – wozu vor allem die Festigung und Bewahrung der Stille oder Geordnetheit im Gewahrsein gehört – bewirkt diese Koordination in Perfektion. Das aber ist vollkommene Gesundheit, vollständiges Heil- oder Ganzsein. Die Ruhe löst die Verspannungen, die der geistigen Befehlsübermittlung an den Körper im Wege sind und deshalb diesen daran hindern, wenn überhaupt, unverzüglich der Anregung zu gehorchen. Die Trägheit seiner verspannten Masse verzögert den Vorgang, die Unmittelbarkeit oder Einheit kommt nicht zustande, dem Ergebnis fehlt die Ursprünglichkeit.

Die Sidhis können wie ein von allen Seiten vorangetragener Angriff auf die letzten Streßbastionen vor der bislang noch abgeschnittenen Festung des Selbst angesehen werden, der ihre Entsetzung herbeiführt. Dabei werden die ganzen Minen in den Sperrfeldern davor unschädlich gemacht und die Bahn geebnet. Eine natürlichere und wirksamere Lösung von eingefleischten Verspannungen ist kaum denkbar. Maharishi Mahesh Yogi legt dabei auf die Flugübung wegen ihrer großen Wirksamkeit gesteigerten Wert, können doch andernfalls die höheren Bewußtseinszustände nicht aus der Verhüllung durch Fremdstoffe frei und dauerhaft hervortreten. Der Streßabbau vollzieht sich hier auf doppelte Weise und deshalb so nachhaltig: sowohl durch die Ruhe der »Instase« – der Überschreitung der Ichgrenzen nach innen durch Absinken der Aktivität bis zu ihrer Entstehungsebene – als auch durch die anschließende Ekstase, dem Heraus-treten oder -springen aus der Ichbefangenheit; denn in der nach außen gerichteten Aktivität werden die durch die Ruhe entbundenen psychischen Energien abgeleitet. Durch die planmäßige Wiederholung kommt es zu einem Hin- und Herwechseln von einer Unbegrenztheit in die andere, so daß das Bewußtsein letztlich nur noch einer einzigen Unbegrenztheit gewahr bleibt, nämlich im Zustand der Einheit. Dies ist das Ereignis der großen Befreiung, der Selbsterfahrung und Selbstverwirklichung. Hier wirkt nur noch die Hoheit des göttlichen Selbst durch Wissensmacht und Schöpferkraft allesumfassend, alles miteinander verbindend, unfehlbar und zielwissend. Diese Selbstverwirklichung ist die Bestimmung, die Aufgabe, der Ruf oder die Berufung des Menschen; sie ist seine Pflicht, die er nur durch Ge-horchen und Hingabe erfüllen kann. Von ihr abzuweichen gilt in den Veden als die einzige Sünde, die einzige Absonderung von der Wahrheit, die ins Gewicht fällt. Die Hingabe ist aber nicht mit jenem gebotenem Dienst zu verwechseln, der mit Zwang und Opfer verbunden ist. Sie geschieht vielmehr naturhaft von selbst in Liebe und aus jener Liebe, die durch Geben bis zur Fülle zunimmt.

Wo aber kommt diese Liebe her? Der reglose Friede der Meditation drückt sich absichtslos als Liebe aus, sobald er in Schwingung versetzt wird. Frieden und Liebe sind nur zwei Weisen ein- und desselben. Ohne daß von Liebe überhaupt die Rede ist, reift sie unversehens als die erfreulichste Frucht der T.M.-Sidhis. Das ist die Folge vom Heraustreten aus der Ichbeschränkung, der Entstörung der von Natur aus wohlgeordneten Harmonie und der mit der Befreiung verbundenen Seligkeit. Freiheitsempfinden drückt sich in Freude, Heiterkeit, Humor und Lachen aus – letzteres fallweise deutlich vernehmbar in allen Stimmlagen. All das will sich als himmlischer Wert der Umwelt mitteilen und deren Düsternis aufhellen, wenn nicht sogar auflösen. Lachen ist das Heilmittel in scheinbar ausweglosen Lagen, es macht den tierischen Ernst und die finstere Verbissenheit einfach lächerlich. Es bricht den Bann der Erstarrung. Schon aus diesem Grund sollte man die Sidhis mit Freuden begrüßen. Nach Maharishi Mahesh Yogi übertrifft die Wirkung eines wirklichen Sidhas – eines Vollkommenen – die des normalen Meditanten um das Tausendfache an Ordnungskraft. Deshalb setzt er seine ganze Hoffnung bei der Verwirklichung der idealen Gesellschaft verstärkt auf die Sidhis –

und ohne Humor ist eine Gesellschaft unvollkommen. Aus gruppendynamischen Gründen werden die Schwebeübungen gemeinsam gemacht. Das Gruppenbewußtsein ist eine hilfreiche Stütze. Die gemeinschaftsbildende und harmonisierende Wirkung des Hoppsens ist bemerkenswert. Die im Zuge dieser Übung fortschreitende Geordnetheit des Einzelnen geht – Hand in Hand mit den auffallenden physiologischen Veränderungen – in überindividuelle Harmonie oder ewige Gesetzmäßigkeit über. Hier haben wir das am Gruppenmodell erfahrbare Beispiel für die Kraft, die das Verschiedene in Freude aneinander und Zuneigung füreinander zur Ganzheit verbindet. Wahrhaft ein Bild für die Möglichkeiten, die unausgeschöpft in der Gesellschaft ruhen, obwohl sich alle Menschen seit urdenklichen Zeiten danach sehnen, in Frieden und Liebe füreinander zu leben. Statt dessen hat jede Generation diese Erde im gleichen Zerwürfnis verlassen wie sie sie angetroffen hat. Maharishi Mahesh Yogi kann jetzt beispielhaft nachweisen, daß die harmonische Gesellschaft keine Utopie mehr ist, sondern eine wirklichkeitsnahe Chance, vom Boden aller Möglichkeiten ausgehend.

> Alles, was wir seit Anfang der Bewegung gesagt haben, wurde für unglaubhaft gehalten – es wurde aber schließlich doch geglaubt. Von allem Anfang an haben wir (d. h. unsere Ziele) für unmöglich (erreichbar) gegolten. Wir müssen weiterhin unmöglich erscheinen, weil wir unsere Stimme gegen das Leiden erheben, das bisher als die eigentliche Natur des Lebens angesehen wurde. Wir freuen uns darüber, daß wir (deshalb) für unmöglich gelten. (Maharishi Mahesh Yogi)

Das Wissen um Freiheit ist dem Menschen eingepflanzt. Das Springen, Tanzen, Emporgehobenwerden und vor allem Fliegen vermittelt ein Freiheitsgefühl, das sich in überschwenglicher Freude kundtut und sich in Liebe anderen mitteilen möchten. Kinder jauchzen vor Freude, wenn man sie fliegen oder auf der Schaukel schweben läßt. Der Mensch besitzt ein Urgefühl dafür, wie sich aus Mythen und Märchen, aber auch aus den Traumerlebnissen entnehmen läßt. Ohne diesen Sinn fürs Fliegen wäre es wohl kaum zu der Luft- und Raumfahrtentwicklung gekommen – auch nicht zum Segel- oder Drachenfliegen, Ski-, Turm- oder Fallschirmspringen.

Die Neigung des Menschen, über sich selbst hinauszuwachsen, aus sich herauszugehen, von sich loszukommen, die Erdenschwere hinter sich zu lassen – kurz seine Veranlagung zur Ekstase – zeigt sich auch im Tanz. Der Tanz ist eigentlich auch ein Ur-sprung oder Freuden-sprung mit rhythmischer Fortsetzung im Glücksgefühl. Die ganze Schöpfung ist eine Ekstase der Freude, wie schon die Legende erzählt; denn das Brahman (letzte Wirklichkeit) hat aus reiner Überfreude oder aus Spaß am Spiel mit sich selbst durch einen einzigen Lacher (mühelose Ausatmung) die Schöpfung hervorgebracht. So gesehen ist schöpferisches Leben Spiel und Tanz nach der Melodie des Ewigen. Wohl deshalb galt der ursprüngliche Tanz als etwas Heiliges, Heiligendes und Heilendes. Wo allerdings die Verbindung zum Ursprünglichen verlorengegangen ist, können weder anmutige noch heile Formen hervorgerufen werden, sondern nur unglückliche Figuren. Die heilende, lösende Wirkung bleibt aus, selbst wenn es Spaß macht und ein gewisser Entspannungseffekt nicht geleugnet werden kann. Das Bild des Vollkommenen aber ist dort zu sehen, wo die Eleganz der Beschwingtheit, schwebender Leichtfüßigkeit oder müheloser Schwerelosigkeit vorherrscht. Das aber ist nicht nur die äußere Form, sondern auch Ausdruck des inneren Seins.

Wenn der Mensch zum Schweben befähigt ist, handelt es sich um eine Gabe, nicht aber eine selbsterzeugte Eigenleistung, auf die er sich womöglich noch etwas einbildet. Das wäre ein Ich-Hindernis, das an die Zweiheit fesseln und dem Voranschreiten zum Überpersönlichen, zum Bewußtsein der Einheit eine Grenze setzen würde. Die niedrigeren Kräfte entfalten bei richtiger Anwendung der Sutras nach der T.M.-Sidhitechnik die höheren ganz von selbst in der rechten Weise. Sind die höchsten gewonnen, dann unterstehen die Sidhas der Macht des Wissens und können die Sidhi-Kräfte nicht anders gebrauchen als im Sinne der Wahrheit oder im Einklang mit der Schöpfung, selbst wenn ihr Ich es anders wollte. Hier im Höchstbewußtsein herrscht die Allmacht, die alles macht.

Es gibt Lehren, die es für richtig halten, den Menschen herabzusetzen, zu entmutigen und das Schlechte in ihm zu verewigen. Maharishi Mahesh Yogi hebt ihn hoch, macht ihm Mut und läßt ihn das ewig Gute erfahren. Es liegt als Ursprungsebene in ihm selbst. Es ist die göttliche Ebene, jenseits vom Gut und Böse der rein relativen, menschlich allzumenschlichen Betrachtungsweise. Die Sidhis sind eine Hilfe dazu, das wahrhaft Gute freizulegen. Das Gegenteil zu befürchten, kann nur aus Unwissenheit kommen. Sorgen und Kritisieren sind ein Vertrauensmangel dem Schöpfer gegenüber. Sich dem Sinn des Vaterunsers zu ergeben, könnte den Unglauben heilen.

Es liegt auf der Hand, daß die Forschergruppe der MERU mit größter Sorgfalt die Sidhi-Wirkungen beobachtet, gemessen und ausgewertet hat. Da jeder Lehrgangsteilnehmer gehalten ist, täglich seine Erfahrungen auf dem körperlichen und geistigen Gebiet während und nach den Übungen, aber auch im Alltagsleben aufzuzeichnen, verfügt die MERU als das führende Forschungsinstitut auf dem Gebiet der Ganzheitswissenschaft vom Menschen und seinem Bewußtsein über ein wahrhaft imponierendes Archiv mit derzeit über hunderttausend Erfahrungsberichten, die von Menschen aus allen Ländern, verschiedenen Alters, Berufs und Geschlechts stammen. Hier ist nicht der Raum, um diese Forschungsarbeit in angemessener Weise zu würdigen, weshalb wir uns hier mit der Wiedergabe einer offiziellen Zusammenfassung der bisherigen Ergebnisse begnügen müssen:

> Diese Experimente fügen eine neue Dimension zur wissenschaftlichen Erforschung des T. M.-Programms hinzu. Sie haben erwiesen, daß die Erfahrungen der Sidhis auf einem hohen Grad der Geordnetheit neuro-physiologischer Funktionsweisen beruhen und daß die Sidhi-Praxis während einer Zeitspanne von wenigen Monaten die wahrnehmungsmäßigen, intellektuellen, kreativen und psychomotorischen Grundfähigkeiten verbessert. Das läuft parallel mit den subjektiven Erfahrungen von wachsender Intuition, Freude und Freiheit von Begrenzungen. Die Ergebnisse sind ein Markstein beim Aufsteigen des wissenschaftlichen Zeitalters in das der Erleuchtung.

Die Erkenntnisse der Quantenphysik und Thermodynamik deuten darauf hin, daß die Eigenschaften der Superfluidität (widerstandsloser Flüssigkeitszustand) und Superkonduktivität (widerstandslose Leitfähigkeit) eines physikalischen Systems im Bereich des absoluten Nullpunktes auffallende Entsprechungen zum neuro-physiologischen Zustand eines Menschen im Bewußtseinszustand »geringster Anregung« besitzen. Demnach wäre es denkbar, daß schon bald die Physik das Rätsel der Gravitation und Levitation, aber auch des Unsichtbarwerdens und anderer Sidhi-Phänomene löst. Interessierte können von der Deutschen MERU-Gesellschaft in Schledehausen Berichte über die Ergebnisse der bisherigen Forschungsarbeiten auf diesem Gebiet anfordern.

Der Physiker und Kanzler der MERU-Universität, Prof.

Dr. L. Domash, meint: Es sei durchaus vernunftgemäß, daß die bestehenden Naturgesetze eine Ebene aufweisen, die in eine unmittelbare Berührung mit dem menschlichen Bewußtsein gelangt und dadurch vollkommen neue Möglichkeiten direkten Zusammenwirkens geistiger und physikalischer Bereiche eröffnet worden seien. Alles, was wir über wissenschaftliche Theorien – vor allem in den letzten 30 Jahren – wüßten, deute darauf hin.

Die T.M.-Sidhis haben einen Vorhang aufgezogen, der dem Blick ein weites, grenzenloses Feld öffnet. Es ist das Feld, wo offenbar die Eigenschaften von Geschöpf und Schöpfer ineinander überzugehen scheinen. Die herkömmliche Meinung, daß es zwischen beiden nur eine unüberbrückbare Kluft gibt und eine »schlechthinige«, unaufhebbare Abhängigkeit ohne Freisein, könnten neue Gesichtspunkte zur Seite gestellt werden. Wenn der Mensch durch Eigenerregung nicht nur Stimmungen und Gefühle beliebig erzeugen kann, sondern tatsächliche Wirklichkeiten, dann wäre das ein Zeichen grenzenloser Gott-Innigkeit. Dann hätten wir es mit einer unbedingten Einheit oder gar Identität zu tun. Schon aus früherer und frühester Zeit sind uns Einsichten überliefert, die vielen Theologen und Philosophen hinsichtlich der Frage manches Rätsel aufgegeben haben, ob es Einheit und Zweiheit, Bindung und Freiheit, persönliche Begrenzung und überpersönliche Unbegrenztheit, Herrschen und Dienen zugleich geben kann.

> In meiner Geburt wurden alle Dinge geboren, und ich war die Ursache meiner selbst und aller Dinge. Und wollte ich nicht, so wäre Gott nicht. Solches zu verstehen ist nicht not. (Meister Eckhart)

Dem steht nicht viel das Wort eines anderen nach:

> Der Mensch, wie er jetzt geworden ist,
> hat aufgehört das All zu sein.

> Wenn er aber aufgehört hat, ein Individuum zu sein, dann schwingt er sich wieder auf und durchdringt die ganze Welt. Denn eins geworden mit dem All, schafft er das All. (Plotin)

Zweitausend Jahre früher heißt es:

> In mir entstand das Weltganze,
> In mir nur hat Bestand das All,
> In mir vergeht es. – Dies Brahman,
> Der Zweitlose, ich bin es selbst. (Kaivalya Upanishad 19)

Derartige Aussagen haben es an sich, daß sie für den Erfahrungslosen unbegreiflich, weil in kein Denksystem einzuordnen sind. Über den wahren Sachverhalt kann nur das eigene, unmittelbare Erleben unmißverständlich aufklären. Alle derartigen Erlebnisse aber haben eines gemeinsam: sie erzeugen weder Hochmut, Eitelkeit, Arroganz, Größenwahn noch Ichverherrlichung oder Leistungsstolz, sondern Demut, Liebe, Freude, Bescheidenheit und Hingabe an ein Höheres.

Mit Maharishi Mahesh Yogi scheint die Schwelle in ein neues Zeitalter tatsächlich dadurch überschritten worden zu sein, daß er das menschliche Bewußtsein als Feld aller Möglichkeiten entdeckt hat. Aber nicht nur das: er hat mit den Sidhis obendrein noch den Beweis für diese Tatsache angetreten. Er sagt, daß es von seinen Schülern abhinge, ob und wann er weitere Schleier des Unwissens auflösen könne. Alles Bisherige sei nur ein Anfang.

Erfahrungsberichte

Auszüge von Erfahrungsberichten aus den Sidhi-Kursen.

Das am meisten Bezaubernde und Überwältigende beinahe all meiner Meditationen ist das Seligkeitsbewußtsein. Alle anderen Erfahrungen können da nicht heranreichen. Es nimmt mich vollkommen in Anspruch. Meine ganze Aufmerksamkeit ist darauf gerichtet, und in den intensivsten Phasen ist außer dem nichts anderes. Meine Psychologie, mein Herz, Kopf und Körper sind davon erfüllt. Kein Gedanke kann aufkommen. Nur Licht ist da, das von Seligkeit durchdrungen ist. Der Zustand des Zeugeseins wird erst dann erlebt, wenn die Erlebnisintensität nachläßt. (K. R., Deutschland)

Manchmal hatte ich ein sehr umfassendes Empfinden, ein vereinigendes Gewahrsein, das vom Gefühl begleitet war »Ich weiß alles«. Eines Morgens wachte ich auf, nachdem ich während der Nacht das Schlafen als Zeuge erlebt hatte, und mein ganzes Bewußtsein badete in einem Ozean aus goldenem Licht. Es war ein so erfüllendes Erlebnis. (H. C., Holland)

Ich erfahre Erscheinungen des Wohlgefühls und ganz stark auch Empfindungen der Liebe. Es ist so viel, daß ich mich zu klein fühle, all das in mir aufzunehmen. Mehr und mehr hält mein Wohlsein und meine Leichtigkeit während der Meditation den ganzen Tag über an. Mein Körper bleibt sehr leicht, wie Baumwolle. (M. D., Frankreich)

Plötzlich erkannte ich die Ganzheit, die in der Stille gewachsen war, und ich fing an, eine solche Ganzheit, Vollständigkeit und Fülle wie nie zuvor zu erleben. Ich empfand vollständige Transparenz, Klarheit und Lebendigkeit. Ewige Glückseligkeit und allumfassende Liebe schienen mein ganzes Sein zu übernehmen, und doch schien alles so natürlich. (B. S., Wisconsin)

Ich fing an, Seligkeitsbewußtsein ganz stark während der Tätigkeit zu allen Zeiten zu erleben. Wenn das geschah, kam es mir häufig so vor, als ob Bewußtsein aus meinen Augen und meiner Stirn wie ein Lichtstrahl ausströmte. Dieser Strahl erleuchtete jeden Bewußtseinswert, was auch immer ich anschaute. Auf diese Weise erlebte ich sowohl mein Selbst als auch den Wahrnehmungsgegenstand wie aus dem gleichen Seligkeitsbewußtsein gemacht. Wenn etwas in diesem Glanz wahrgenommen wird, erscheint alles viel wunderbarer und befriedigender als gewöhnlich, der ganze Wahrnehmungsvorgang wird sehr beruhigend und erfüllend. So wird alles äußerst wertvoll, weil es so erfreulich ist. Alles scheint zu einem selbst zu gehören, weil alles von gleicher Beschaffenheit wie das eigene Selbst ist – absolutes Seligkeitsbewußtsein. (C. B., Texas)

Es erreichte seinen Höhepunkt, als ich in einer Meditation in überwältigender Weise gewahr wurde, daß ich so unbegrenzt und uneingeschränkt war, als ob ich alles Wünschenswerte leicht bekommen könnte. Ich empfand eine zunehmende Ausweitung, wobei das Glücksgefühl weiter zunahm und inwendig immer machtvoller wurde. Dann hatte ich ein Gewahrsein, daß ich alles war und alles wußte, was es zu wissen gab. Alle losen Enden meines Lebens kamen mir innerlich als zusammengefügt vor... Außerhalb der Meditation hat sich mein Herz so unglaublich geweitet. Mir kommt es so vor, als ob ich alles mit der Liebe und Seligkeit umarmen könnte, die in mir so großartig und rasch gewachsen waren. Mit diesen Gefühlen überkam mich ein starker Sinn der Unüberwindlichkeit. (P. B., Florida)

Ich hatte das Gefühl, zur Reinheit und Unschuld eines Kindes wiedergeboren worden zu sein; und doch empfand ich mich weise, wie jemand, der schon lange lebt. Dieses Wiedergeborensein brachte ein Tiefengefühl mit sich, so beseligend, erfüllend und erhebend, daß in mir eine Sehnsucht nach dem Himmel aufkam. Während des ganzen Kurses hatte ich das Empfinden der Unerschütterlichkeit, Ganzheit, Anpassungsfähigkeit und Zuversicht. Ich bin nicht mehr von den wechselnden Umständen wie Freundschaften, Tätigkeiten abhängig, wegen des inneren Friedens, Gefestigt- und Erfülltseins. Jede Tätigkeit ist eine Freude. Sie ist leicht und angenehm, und die Entfaltung des Lebens ist beseligend. Mir kommt es so vor, als ob ich geschützt und umsorgt bin. (D. N., Salisbury)

Jede Bewegung oder Wahrnehmung in dieser Ganzheit ist eine einzige Welle der Seligkeit, eine Verwirklichung meines Selbst. Unendliche Liebe strömt in alles, was ich wahrnehme, das ich bin. Jede Beziehung ist im Wert des Absoluten. Mein Körper oder mein Freund ist mir so lieb wie das eigene Selbst. Hingabe erfüllt alles Tun. Auf dem Bildschirm meines Bewußtseins wohnt die Schöpfung. Jenes ist Das – ein Fortlaufendes, unveränderlich, ewig, unzerstörbar. (L. A., West Virginia)

Ich empfinde das Wachstum einer sehr soliden Stabilität und unüberwindlichen Kraft in meinem Leben. Noch nie hatte ich ein solches Zutrauen zu mir und meiner Lebensrichtung. Es ist wie ein völliges Eingehülltsein in eine unbeschreibliche, zarte, göttliche Güte. Sie umfängt mich von außen und ist zugleich inwendig lebendig. Ich empfinde, daß ich dieses Unbeschreibliche selbst bin, so ungeheuer wunderbar, so vollkommen, so lebendig mit reiner Liebe. Ich nenne es Gott. (M. H., Kalifornien)

Da ist eine so überwältigende Liebe, Wertschätzung und Hingabe an den Gott, den Herrn von allem, daß ich IHM alles geben möchte, was ich bin. Alles wird immer heller und beseligender, bis dies alles geworden zu sein scheint, was es gibt. Man könnte vor Strahlkraft platzen, die so überhell und überwältigend ist. (D. S., Kalifornien)

Schon nach der ersten Woche überkam ES mich, wurde mir das Unüberbietbare zuteil. ES kündigte sich schon vorher durch einen merkwürdigen Ladungszustand des Körpers und eine zunehmende seelische Durchlässigkeit an. Mit Beginn der Meditation begannen Schübe von ungeahnter Wirksamkeit heranzurollen, aufzukommen. Schließlich wälzte sich das ES wie eine unermeßliche Energiewoge auf mich zu – nein, sie stieg ja zugleich in mir selbst hoch und schlug mit dem Herankommenden über mir, in mir zusammen. Wie ein Blitz der Seligkeit durchzuckte mich die Gewißheit: es ist ja nur eine einzige Woge unfaßlicher Übermacht. DAS ist ja nichts anderes, wie ich selbst, DAS bin ja ich und DAS ist ist zugleich das Erhabene. Dieses Innesein der Glückseligkeit bis zu den Grenzen des Erträglichen war DIE unendliche Göttlichkeit, dessen war ich absolut sicher. Nichts anderes als DIES war da. Ich befand mich in einem dramatischen Zustand tiefster Erschütterung und seelischer Ergriffenheit: von diesem Göttlichen angenommen, aufgenommen, aufge-hoben, ja übernommen worden zu sein! Das ging über alles Faßbare himmelweit hinaus. In einem Meer von Dankbarkeit, Liebe, Demut und Ergebung ging alles Ich, Mein und Mir mit allem Drum und Dran an Überzeugungen, Kenntnissen, Vorstellungen, Wünschen und Zielen sang- und klanglos unter – war null und nichtig geworden. In »mir« war nur der Sinn für DIES, und nichts anderes, das weniger war. Das Bewußtsein dieser göttlichen Totalität und das Innesein der Einigkeit mit ihr durchdrang mich so ausschließlich und nachhaltig, daß alles andere davon durchglüht wurde. Das Bemerkenswerte war für mich der ganz persönlich-göttliche Charakter, dieser All-Einheitserfahrung, ohne daß irgendeine Begrenztheit eines Du oder Ich gegeben gewesen wäre. Es war überhaupt nichts, das die Dualität einer Ich-Du-Beziehung hätte ausmachen können. (B. M., Deutschland)

Literaturhinweis

Weitere Bücher von Bernhard Müller-Elmau:

Vom Wesen der Elmau. Schloß Elmau 1977.
Leben aus der Fülle. Schloß Elmau 1981.
Heilung durch das Selbst. Felbach-Oeffingen 1981.
Vom inwendigen Christus. Schloß Elmau 1982.
Darum sollt ihr vollkommen sein. München 1982.
Selbst-Bewußt-Werdung. Gladenbach 1982.

Adressenhinweis

*TM-Akademien**

Akademie für Persönlichkeitsentfaltung
Blumenthal
Ringofenstraße 58

2820 Bremen
Tel.: 0421 – 602216

Akademie Schledehausen
Am Berg 2

4516 Bissendorf 2
Tel.: 05402 – 8021

Akademie Urach
Haus auf der Alb

7432 Bad Urach 1
Tel.: 07125 – 4350

*Örtliche Center des Zeitalters der Erleuchtung sind zu erfragen bei:**

In Deutschland:

Akademie Marienberg
Centerkoordination

5407 Boppard
Tel.: 06742 – 1591

In der Schweiz:

Swiss National Office
Postfach 2

CH-6446 Seelisberg
Tel.: 043 – 31 39 38

In Österreich:

Nationales TM-Center
Apollogasse 30

A-1070 Wien
Tel.: 0222 – 93 73 99

In Südtirol:

TM-Center Meran
Winkelweg 18

I-39012 Meran
Tel.: 0473 – 300 77

Biomedizin – die natürliche Alternative.

Alexander, Maximilian
Zoubek, Eugen
Schmerzfrei durch Biomedizin
– Neue Naturheilmethoden –
144 Seiten, 11,5 x 18 cm
DM 6,80
ISBN 3-612-20000-3
ETB 20000
April

Das Buch

Akute und chronische Schmerzzustände sind das Schicksal vieler Menschen und können oft einen Lebensweg beeinflussen und prägen. Die Biomedizin bietet eine natürliche Alternative zu den herkömmlichen Schmerzmitteln. Wirksame Präparate, auf rein biologischer Basis hergestellt, helfen Schmerzen ohne schädliche Nebenwirkungen überwinden, mobilisieren Eigenkräfte und setzten einen natürlichen Heilungsprozeß in Gang. Anhand zahlreicher Praxisbeispiele zeigen die Autoren, mit welchen Mitteln der modernen Naturmedizin der Mensch Krankheiten und Schmerzen vorbeugen und sich selbst erfolgreich behandeln kann.

Die Autoren

Maximilian Alexander arbeitet seit vielen Jahren als freier Journalist und Schriftsteller. Seine Spezialgebiete sind Medizin und Naturheilkunde.
Eugen Zoubek ist Homöopath und Arzt.

Mehr Spaß am Lernen – Mehr Zeit zum Spielen.

Beyer, Günther
So lernen Schüler leichter
– Gedächtnis- und Konzentrationstraining –
128 Seiten, 50 Grafiken
11,5 x 18 cm
DM 6.80
ISBN 3-612-20001-1
ETB 20001
April

Das Buch

Mangelhafte Konzentrationsfähigkeit und schlechtes Gedächtnis sind oft die Ursachen für ungenügende Leistungen in der Schule. Dieses Buch schafft Abhilfe: Kinder zwischen 8 und 15 Jahren erfahren, wie sie mit einfachen Lerntechniken ihr Gedächtnis schulen und ihre Konzentrationsfähigkeit erhöhen können, um besser zu werden, Spaß am schnellen Lernen zu finden und damit mehr Zeit zum Spielen zu haben.
Übungen und Kontrolltests helfen, Können und Leistungen zu steigern.

Der Autor

Günther Beyer ist Gründer des Eltern-Schüler-Förderkreises Nordrhein-Westfalen. Er leitet ein eigenes Institut für Creatives Lernen.
Im ECON-Verlag erschienen seine Ratgeber 'Creatives Lernen', 'Gedächtnis- und Konzentrationstraining' und 'Superwissen durch Alpha-Training'.

Das Standardwerk der biologischen Küche.

Danner, Helma
Biologisch kochen und backen
– Das Rezeptbuch der natürlichen Ernährung –
288 Seiten, 30 Zeichn.
11,5 x 18 cm
DM 14,80
ISBN 3-612-20003-8
ETB 20003
April

Das Buch

Natürliche Ernährung ist nicht nur gesund, sondern auch wohlschmekkend, durch sie können Krankheiten geheilt, gelindert und verhindert werden: Karies, Paradontose, Erkrankung des Bewegungsapparates, Zukkerkrankheit, Leber-, Gallen-, Nierenerkrankungen, Beschwerden der Verdauungsorgane, Gefäßerkrankungen u. v. a. m. Naturbelassene Ernährung bringt dem Menschen neuen Schwung, Elastizität, Ausdauer und hohe Konzentrationsfähigkeit, sie erhält ihn gesund und schlank.
Die Rezepte in diesem Buch sind praxiserprobt.

Die Autorin

Helma Danner ist Gesundheitsberaterin. Sie beschäftigt sich seit vielen Jahren mit der wissenschaftlichen- und Laienliteratur auf dem Ernährungssektor, mit neuesten und alten Gesundheits- und Kochbüchern.

Mit autogenem Training zu innerer Harmonie.

Eberlein, Gisela
Autogenes Training mit Kindern
112 Seiten
11,5 x 18 cm
DM 6,80
ISBN 3-612-20004-6
ETB 20004
April

Das Buch

Viele Kinder sind nervös, aufgeregt, schlafen schlecht, sind kontaktarm, inaktiv, unkonzentriert und ängstlich. Durch autogenes Training können diese Störungen behoben werden. Autogenes Training bringt Spannung und Entspannung, fördert Aktivität und Kreativität und hilft den Kindern, selbstsicher, mutig und frei zu werden. Dies Buch zeigt, wie Kinder autogenes Training unter Anwendung von Märchen erlernen und durchführen können und wie die Autorin selbst mit Kindern autogenes Training erfolgreich ausübte.

Die Autorin

Dr. med. Gisela Eberlein lehrt in eigener Praxis, in Seminaren und Arbeitsgemeinschaften autogenes Training. Sie wurde ausgezeichnet mit dem 'Hufeland-Preis' für vorbeugende Gesundheitspflege.